Descubra Juegos Gratis Online

Disponibles Aquí:

BestActivityBooks.com/FREEGAMES

5 CONSEJOS PARA EMPEZAR

1) CÓMO RESOLVER LAS SOPA DE LETRAS

Los rompecabezas tienen un formato clásico:

- Las palabras se ocultan sin espacios ni guiones,...
- Orientación: Las palabras pueden escribirse hacia delante, hacia atrás, hacia arriba, hacia abajo o en diagonal (pueden estar invertidas).
- Las palabras pueden superponerse o cruzarse.

2) APRENDIZAJE ACTIVO

Junto a cada palabra hay un espacio para anotar la traducción. Para fomentar un aprendizaje activo, un **DICCIONARIO** al final de esta edición te permitirá comprobar y ampliar tus conocimientos. Busca y anota las traducciones, encuéntralas en el puzzle y añádelas a tu vocabulario!

3) MARCAR LAS PALABRAS

Puedes inventar tu propio sistema de marcado. ¿Quizás ya usas uno? También puedes, por ejemplo, marcar las palabras difíciles de encontrar con una cruz, las que te gustan con una estrella, las nuevas con un triángulo, las raras con un diamante, etc.

4) ESTRUCTURAR EL APRENDIZAJE

Esta edición ofrece un **CUADERNO DE NOTAS** muy práctico al final del libro. En vacaciones, de viaje o en casa, podrás organizar fácilmente tus nuevos conocimientos sin necesidad de un segundo cuaderno!

5) ¿HABÉIS TERMINADO TODAS LAS PARRILLAS?

En las últimas páginas de este libro, en la sección **DESAFÍO FINAL**, encontrarás un juego gratis!

¡Rápido y sencillo! Echa un vistazo a nuestra colección de libros de actividades para tu próximo momento de diversión y aprendizaje, ¡a sólo un clic de distancia!

Encuentre su próximo reto en:

BestActivityBooks.com/MiProximoLibro

En sus marcas, listos, ¡Ya!

¿Sabías que hay unas 7.000 lenguas diferentes en el mundo? Las palabras son preciosas.

Nos encantan los idiomas y hemos trabajado duro para crear libros de la más alta calidad para tí. ¿Nuestros ingredientes?

Una selección de temas adecuados para el aprendizaje, tres buenas porciones de entretenimiento, y luego añadimos una cucharada de palabras difíciles y una pizca de palabras raras. Los servimos con cariño y máxima diversión para que puedas resolver los mejores juegos de palabras y te diviertas aprendiendo!

Tu opinión es esencial. Puedes participar activamente en el éxito de este libro dejándonos un comentario. Nos encantaría saber qué es lo que más le ha gustado de esta edición.

Aquí hay un enlace rápido a tu página de pedidos:

BestBooksActivity.com/Opiniones50

Gracias por tu ayuda y diviértete!

Todo el equipo

1 - Ajedrez

```
Д Ж Е Р Т В У В А Т И Щ Ь И
Є І М У Р Н К Л В В Т Д Х І
П Р А В И Л А Е Б Є Е Я К Ц
О А П Г Р А И О Ж П І И О Т
Є Ю І Р О З У М Н И Й Ц Р Ц
К Б О П О Н Е Н Т Ь С В О Ь
О О І С Т Р А Т Е Г І Я Л Г
Р П Н Л Ь В Р Л Ш Б Е Б Е Р
О К Г К И Щ С Ш Ь Т Ч Г В А
Л Ц І Ц У Й Ф Л Б У Ф С А В
Ь И П Ю А Р Щ Ч О Р Н И Й Е
Е И Н М К Ь С А Ш Н П Ґ І Ц
Ч Е М П І О Н С Ш І Ґ К К Ь
П А С И В Н И Й Я Р О Б І Т
```

БІЛИЙ	ОПОНЕНТ
ЧЕМПІОН	ПАСИВНИЙ
КОНКУРС	ПРАВИЛА
ДІАГОНАЛЬ	КОРОЛЕВА
СТРАТЕГІЯ	КОРОЛЬ
РОЗУМНИЙ	ЖЕРТВУВАТИ
ГРА	ЧАС
ГРАВЕЦЬ	ТУРНІР
ЧОРНИЙ	

2 - Agua

```
П О П Д Щ Ф Ь Ь Я Л У Х К П
В И П О В І Н Ь Р І Ч К А А
И І Т Щ Х Д У Ш С Д Щ У Н Р
П Ю Щ Н В Г В К Н В Ґ Г А Г
А Т Є У И Е З І І Х В М Л Ф
Р Е Ґ Б Л Й У Р Г Л С У Щ Ш
О М П Ю І З Я Е О Х В С Є У
В О Ж И М Е М Щ О Ш Х О К Є
У Р К Д Ф Р О Є З У Е Н В Ж
В О Є Е А П Ю Ю Е Т Е Н Х А
А З Ф К А К Ц У Р А Г А Н Б
Н В И Ф Е Н С Х О Ц Ц Е Ч Я
Н В О Л О Г І С Т Ь А У Ш У
Я Е О Д Щ У Х Ь Х А Ж Н Р И
```

КАНАЛ	ДОЩ
ДУШ	МУСОН
ВИПАРОВУВАННЯ	СНІГ
ГЕЙЗЕР	ОКЕАН
МОРОЗ	ХВИЛІ
ЛІД	ПИТНИЙ
ВОЛОГІСТЬ	ЗРОШЕННЯ
УРАГАН	РІЧКА
ПОВІНЬ	ПАР
ОЗЕРО	

3 - Granja #2

```
П  В  Ґ  Ф  Х  Ґ  Ю  Т  З  Ф  Є  О  Ґ  О
Ш  А  У  І  Г  Ж  Ь  Р  Р  Е  Л  А  М  А
Е  А  С  Л  Ш  Ї  Ж  А  О  Р  О  Т  Ф  Ґ
Н  Ж  І  Т  И  О  У  К  Ш  М  В  Ь  Р  С
И  Ю  Ф  Р  У  К  Т  Т  Е  Е  О  Я  У  І
Ц  Ж  Ґ  Д  Т  Х  М  О  Н  Р  Ч  А  К  У
Я  С  А  Р  А  Й  О  Р  Н  Л  У  Г  Т  Щ
Я  Ч  М  І  Н  Ь  Л  Т  Я  Н  Ш  Р  О  Е
У  Г  В  Р  Т  Г  О  Р  Л  Щ  П  Ю  В  Я
В  М  Н  Р  В  С  К  М  М  В  К  М  И  Х
И  Я  Є  Я  А  У  О  І  В  І  А  Щ  Й  П
К  У  К  У  Р  У  Д  З  А  В  Ч  Б  С  У
Щ  Ж  К  Ґ  И  Ч  Я  Н  Г  Ц  К  Н  А  К
У  Я  Ч  У  Н  Е  Ф  Е  Ш  Я  А  Ф  Д  Т
```

ФЕРМЕР
ТВАРИН
ЯЧМІНЬ
ВУЛИК
ЇЖА
ЯГНЯ
ФРУКТ
САРАЙ
ФРУКТОВИЙ САД
МОЛОКО

ЛАМА
КУКУРУДЗА
ВІВЦЯ
ПАСТУХ
КАЧКА
ЛУГ
ЗРОШЕННЯ
ТРАКТОР
ПШЕНИЦЯ
ОВОЧ

4 - Mueble

```
Д  З  Е  Р  К  А  Л  О  Є  Б  Ж  Н  Е  П
И  Ф  К  У  И  Х  М  Ж  Ь  А  Ь  Г  П  О
В  У  Н  А  Л  Ш  А  К  Р  І  С  Л  О  Л
А  Т  И  І  И  Т  Т  Н  А  П  Ж  І  Д  И
Н  О  В  Щ  М  І  Р  И  К  Я  О  Ж  У  Ц
К  Н  У  К  О  П  А  Ж  Є  Ц  Ц  К  Ш  І
Ф  О  Ш  Ч  К  В  Ц  К  О  Л  Е  О  К  Л
Я  Ч  М  Ґ  П  Д  І  О  Л  І  Ж  Ь  И  Х
П  Ч  М  О  О  Д  Є  В  Щ  Ь  Л  Д  Н  Я
Л  Л  О  Ю  Д  И  Г  А  М  А  К  А  В  Є
Г  А  Ф  Ж  У  Є  Р  Ш  Т  О  Р  И  В  Л
Н  К  М  Ч  Ш  Х  Щ  А  Д  Т  Ґ  Б  Х  А
Л  И  Ц  П  К  У  Ь  Ф  Ф  Ф  Ж  А  Б  Є
С  Д  Р  І  А  Г  П  А  Б  Ю  Р  О  Л  Ш
```

КИЛИМОК	ДЗЕРКАЛО
ПОДУШКА	КНИЖКОВА ШАФА
ЛАВА	ПОЛИЦІ
ЛІЖКО	ФУТОН
ПОДУШКИ	ГАМАК
МАТРАЦ	ЛАМПА
ШТОРИ	КРІСЛО
КОМОД	ДИВАН
БЮРО	

5 - Pesca

```
П Е Р Е Б І Л Ь Ш Е Н Н Я Ш
Ж Г О Б Л А Д Н А Н Н Я Г Т
А П З Р Г Ж Я І Ь М Д Д Т Ф
Ч Я Е І К О Ш И К Р Ф Р Е Є
Щ С Р Ч К Ф Ч М Е Ш У Ф І Щ
Т Е О К С Х О Є Х И Е К С Т
Е З Л А Щ Ж В І Ф Ф Т К Д І
Р О Д Е Х Ґ Е О К Е А Н Ґ П
П Н Ф У П В Н Г В О Д А У Ю
І П Р И Н А Д А А О В І Є Ф
Н В П О Є Г Х Н Т К У Х А Р
Н Ц Л А Є А А Б Ь И Ю И Л Д
Я З Я Б Р А А М Т В Х Ч Ґ Х
Я С Ж Л Ф У В Н Д Я П Ь Х Г
```

ВОДА	ГАК
ЧОВЕН	ОЗЕРО
ЗЯБРА	ЩЕЛЕПА
ДРІТ	ОКЕАН
ПРИНАДА	ТЕРПІННЯ
КОШИК	ВАГА
КУХАР	ПЛЯЖ
ОБЛАДНАННЯ	РІЧКА
ПЕРЕБІЛЬШЕННЯ	СЕЗОН

6 - Aviones

```
Н  П  Ь  В  Б  П  В  Б  У  П  І  П  Ч  Г
В  А  Г  Н  Ґ  П  О  С  А  Д  К  А  Д  В
И  Л  Д  К  Н  П  Д  Г  П  С  К  С  И  И
С  И  В  У  Р  Ґ  Е  Б  О  П  В  А  З  Н
О  В  И  Н  Т  Н  Н  У  Д  Д  І  Ж  А  Т
Т  О  Г  А  Л  И  Ь  Д  В  Ґ  А  И  Й  И
А  Ц  У  П  Л  І  Е  І  П  К  К  Р  Н  П
Ю  Н  Н  Р  Р  С  К  В  Р  І  Ь  Ь  Ь  О
Є  Я  У  Я  Б  Т  І  Н  И  П  Л  К  Р  В
Н  Ц  Я  М  Ч  О  П  И  Г  П  Є  О  Т  І
С  П  У  С  К  Р  А  Ц  О  Г  Щ  Д  Т  Т
В  Ґ  О  Ц  А  І  Ж  Т  Д  Н  Е  Б  О  Р
Я  Г  И  У  Ь  Я  Є  В  А  Т  Я  Ю  Т  Я
С  І  М  П  А  Т  М  О  С  Ф  Е  Р  А  Т
```

ПОВІТРЯ	НАПРЯМ
ВИСОТА	ДИЗАЙН
ПОСАДКА	ГВИНТИ
АТМОСФЕРА	ВОДЕНЬ
ПРИГОДА	ІСТОРІЯ
НЕБО	НАДУТИ
ПОГОДА	ДВИГУН
ПАЛИВО	ПАСАЖИР
БУДІВНИЦТВО	ПІЛОТ
СПУСК	ЕКІПАЖ

7 - Tipos de Cabello

```
С  А  Б  Ч  Е  Б  К  О  Р  О  Т  К  И  Й
Р  Ж  Ю  О  Ч  Т  Л  Б  Л  О  Н  Д  И  Н
І  У  Г  Р  І  Б  У  И  Т  О  Н  К  И  Й
Б  Л  Я  Н  Е  Л  И  П  С  У  Х  И  Й  Н
Л  Р  П  И  Ж  Ґ  Є  А  Д  К  У  Ч  Е  Р
О  Х  А  Й  І  Ґ  О  О  Г  Б  У  Є  Ь  Ч
О  Л  В  Т  О  В  С  Т  И  Й  С  Ч  И  Т
Ш  К  Х  И  Ц  Ф  Е  В  Ґ  Б  І  Л  И  Й
Ґ  В  Ж  Ч  Л  М  Я  К  И  Й  Р  Д  І  Й
К  У  Ч  Е  Р  Я  В  И  Й  В  И  О  А  О
Б  П  П  Ю  М  С  С  К  Ю  Ф  Й  В  Р  Н
Л  Н  Є  Ц  А  Г  Ч  Т  О  Є  Ф  Г  Я  І
З  Д  О  Р  О  В  И  Й  И  С  Р  И  Л  Ь
М  А  Я  Л  И  С  И  Й  М  Й  И  Й  Ю  Ф
```

БІЛИЙ	ХВИЛЯСТИЙ
БЛИСКУЧИЙ	СРІБЛО
ЛИСИЙ	КУЧЕРЯВИЙ
КОРОТКИЙ	КУЧЕР
ТОНКИЙ	БЛОНДИН
СІРИЙ	ЗДОРОВИЙ
ТОВСТИЙ	СУХИЙ
ДОВГИЙ	М'ЯКИЙ
ЧОРНИЙ	КОСИ

8 - Ciencia Ficción

```
І Ю Р Е А Л І С Т И Ч Н И Й
І Д Ф К Ш Г С О Р А К У Л Ь
В Л Г А Ш П Ц П Л А Н Е Т А
И О Ю Е Н Ф Е Г Т В И Б У Х
О Т Г З Ь Т Н Л Ж Ф Г Т Я І
Р Є Ґ О І Т А Є М Н И Ч И Й
К І Н О Н Я Р С В І Т Б Є У
Т Н Б Х Ь Ь І Ґ Т Х Ч Щ И Т
Р О Б О Т И Й С Р И Т Ґ Ю О
Т Е Х Н О Л О Г І Я Ч Н Ф П
М А Т О М Н И Й В Ф А Н Ф І
Д А Л Е К И Й Я Ю Ц У Ч И Я
Ф У Т У Р И С Т И Ч Н И Й Й
У Я В Н И Й В Щ Х Ф Г Б Ц Р
```

АТОМНИЙ	КНИГИ
КІНО	ТАЄМНИЧИЙ
ДАЛЕКИЙ	СВІТ
СЦЕНАРІЙ	ОРАКУЛ
ВИБУХ	ПЛАНЕТА
ФАНТАСТИЧНИЙ	РЕАЛІСТИЧНИЙ
ВОГОНЬ	РОБОТИ
ФУТУРИСТИЧНИЙ	ТЕХНОЛОГІЯ
ІЛЮЗІЯ	УТОПІЯ
УЯВНИЙ	

9 - Juguetes

```
К  С  Р  Е  М  Е  С  Л  А  Л  Р  Ч  И  Д
Н  И  Г  О  Л  О  В  О  Л  О  М  К  А  А
И  Ц  Т  В  Б  О  В  І  І  Г  Р  И  В  В
Г  Є  Я  С  Х  О  Ж  Р  Т  Ц  Н  С  Е  Т
И  Б  Ч  Ф  А  Ч  Т  Ь  А  Б  С  Ф  Л  О
У  Ш  Я  К  Л  Я  Л  Ь  К  А  М  Ф  О  М
Я  Ц  Б  А  Р  А  Б  А  Н  И  М  Ч  С  О
В  А  Н  Т  А  Ж  І  В  К  А  Я  О  И  Б
А  У  Л  Ю  Б  Л  Е  Н  И  Й  Ч  В  П  І
Ч  Ґ  Г  Т  Ф  А  Р  Б  И  Ш  Щ  Е  Е  Л
П  О  Ї  З  Д  І  И  Ч  Є  Ш  А  Н  Д  Ь
Ь  Б  Б  М  П  Ь  Н  Р  Ґ  И  В  Х  Д  І
Г  Л  И  Н  А  Н  Г  Щ  Д  Х  Є  И  И  Ю
И  К  Ш  І  Є  Д  К  С  Н  Д  Ґ  Х  Ч  Ш
```

ШАХИ
ГЛИНА
РЕМЕСЛА
ЛІТАК
ЧОВЕН
ВЕЛОСИПЕД
М'ЯЧ
ВАНТАЖІВКА
АВТОМОБІЛЬ
УЛЮБЛЕНИЙ

УЯВА
ІГРИ
КНИГИ
ЛЯЛЬКА
ФАРБИ
РОБОТ
ГОЛОВОЛОМКА
БАРАБАНИ
ПОЇЗД

10 - Circo

П	Н	И	Ю	Н	Я	Ш	Ґ	Т	Д	Р	А	Ф	М
О	А	А	А	К	Р	О	Б	А	Т	Щ	Ф	Ґ	У
К	К	Р	М	М	А	Г	І	Я	И	І	Ґ	Ц	З
А	О	О	А	Е	Ь	Щ	Ь	Я	Г	Ґ	Ф	Д	И
З	С	З	В	Д	Т	В	Ж	Ш	Р	Ж	Ш	И	К
А	Т	В	П	Ґ	Л	Ч	Ґ	К	Л	О	У	Н	А
Т	Ю	А	А	Ж	Р	Ц	У	К	Е	Р	К	И	М
И	М	Ж	Ф	С	Ш	І	Т	У	В	Ш	М	Ю	Щ
Т	К	А	Д	А	Е	Щ	Н	В	М	Я	К	І	И
Ґ	В	Т	Г	Л	Я	Д	А	Ч	А	С	Л	О	Н
Н	И	И	Р	Ф	К	М	Е	Є	Г	Р	Ц	В	Л
Ч	Т	Л	Б	В	У	Є	Т	Л	М	К	И	Г	Т
Ж	О	Н	Г	Л	Е	Р	Ш	О	Ш	Г	М	Н	О
Ф	К	І	Ц	Є	Е	А	Ь	М	Г	П	Ш	Г	Ф

АКРОБАТ	МАГІЯ
ТВАРИН	МАГ
КВИТОК	ЖОНГЛЕР
ЦУКЕРКИ	МАВПА
НАМЕТ	ПОКАЗАТИ
ПАРАД	МУЗИКА
СЛОН	КЛОУН
РОЗВАЖАТИ	ТИГР
ГЛЯДАЧ	КОСТЮМ
ЛЕВ	

11 - Rellenar

```
Л В А Л І З А Ь Т Р У Б А Д
О И І І Щ Р К К С А О О М Щ
Т К Д Д О Л И Г И Л Я Ч Ґ Н
О Е Ж Я Р П А П К А П К Я С
К Г Ш Ч К О Р О Б К А А Щ І
И К О Н В Е Р Т В М К Т И С
Ш Ш У Х Л Я Д А Г Л Е К К Х
Е Ь В Ь Я В Ж Ч Б Ч Т М Я Р
Н Ж Ж Ґ М Ш А В К І І П У І
Я К О Ш И К М Н І Ж Ц В Б Ш
О Д Ч Ю Щ Є Т Р Н С В К П П
Ґ Ч О П Л Я Ш К А А М А Ц Ш
А М Д Я С Ь А Г О Ф І Д З К
С У М К А Б А С Е Й Н Щ С А
```

ЛОТОК	КОШИК
ВАННА	ВІДРО
БОЧКА	БАСЕЙН
СУМКА	ВАЗА
КИШЕНЯ	ВАЛІЗА
ПЛЯШКА	ПАКЕТ
ЯЩИК	КОНВЕРТ
ШУХЛЯДА	ГЛЕК
ПАПКА	ТРУБА
КОРОБКА	

12 - Granja #1

```
А И Ь П Е Ч Н Ф Х И Ц У Е Ч
Д П У М З В Є К І Ш К А П Ш
С І Н О Л Г Д О Б Р И В О Н
Р У Н Ц М Б Р З Б Д Ж О Л А
Н А С І Н Н Я А Ш О Ф Р Е Т
В У І К Ч Х А Т Я П В О Д А
Ч К І Н Ь Щ П Ц Ю З Ь Н Ч Ґ
В О А Щ Р И А И П Е С А П М
Ш Р В Ь К Х Р С Ь М Щ Ю Р Ш
Я О И О Ґ Я К Є А Л Н Ш К К
Т В Щ С Ґ Д А У М Я М Щ С В
Е А Т Е Л Я Н Ш Л Е М У О Ь
У Н Г Л Ь Ш Д Ф К А Д Ю Ґ И
К У Р К А И А К Ж Т Я Я Ю Ш
```

БДЖОЛА	СІНО
ВОДА	МЕД
РИС	ПЕС
ОСЕЛ	КУРКА
КІНЬ	ЗГРАЯ
КОЗА	НАСІННЯ
ПОЛЕ	ТЕЛЯ
ВОРОНА	ЗЕМЛЯ
ДОБРИВО	КОРОВА
КІШКА	ПАРКАН

13 - Camping

```
П  Ж  Б  Г  А  Щ  К  М  Л  М  Д  П  К  К
Х  Р  І  Б  Є  М  О  О  І  І  І  О  О  А
Ь  Д  И  Д  Ш  Ф  М  Т  Х  С  С  Л  М  П
Л  Е  Д  Р  К  Р  П  У  Т  Я  К  Ю  А  Е
Д  В  Т  А  О  Є  А  З  А  Ц  Ж  В  Х  Л
Е  Т  В  Я  Є  Д  С  К  Р  Ь  Ш  А  А  Ю
Р  К  А  Н  О  Е  А  А  А  Ц  Щ  Н  Щ  Х
Е  К  Р  Ґ  З  Г  К  А  Р  Т  А  Н  Ґ  П
В  Т  И  В  Е  А  Е  Г  Е  Ж  Н  Я  П  Р
А  П  Н  Х  Р  М  В  О  Г  О  Н  Ь  Н  И
М  Н  Ф  Д  О  А  Є  Б  Р  К  Ю  Ґ  І  Г
Ь  О  Ґ  Ш  Т  К  А  Б  І  Н  А  Ж  И  О
Г  О  Р  А  С  І  Ю  Ш  Ч  Х  Ш  У  Ж  Д
О  Б  Л  А  Д  Н  А  Н  Н  Я  Л  П  А  А
```

ТВАРИН	ВОГОНЬ
ПРИГОДА	ГАМАК
ДЕРЕВА	КОМАХА
ЛІС	ОЗЕРО
КОМПАС	ЛІХТАР
КАБІНА	МІСЯЦЬ
КАНОЕ	КАРТА
ПОЛЮВАННЯ	ГОРА
МОТУЗКА	ПРИРОДА
ОБЛАДНАННЯ	КАПЕЛЮХ

14 - Fruta

```
А  М  А  Л  И  Н  А  К  Ж  Ч  Ш  Ч  Ф  Н
В  Д  Б  У  Ю  Я  Ю  Х  С  Г  Є  Є  А  Е
О  Д  Р  Я  М  А  Б  Н  Ґ  Ю  Л  Щ  Н  К
К  С  И  Г  Х  С  П  Л  И  М  О  Н  А  Т
А  Ґ  К  О  Е  В  Ь  Ш  У  К  С  Ь  Н  А
Д  И  О  Д  Ц  И  Е  У  Я  К  Ж  Ж  А  Р
О  Щ  С  А  М  Ш  К  П  Ф  У  О  Ж  С  И
Ю  Л  О  Р  А  Н  Ж  Е  В  И  Й  Б  Е  Н
К  П  Ь  Р  Н  Я  Ц  Р  Т  Р  Ь  А  Щ  Г
Б  Ч  А  Б  Г  П  Д  С  К  І  П  Н  Б  Р
Я  Б  Ґ  П  О  К  И  И  П  О  Г  А  Ш  У
К  І  В  І  А  О  Н  К  П  Е  К  Н  Я  Ш
Г  У  А  В  А  Й  Я  Ч  Х  Ь  А  О  Ґ  А
А  Т  Ш  І  Д  С  Я  Ю  Ґ  У  П  Б  С  У
```

АВОКАДО	ЯБЛУКО
АБРИКОС	ПЕРСИК
ЯГОДА	ДИНЯ
ВИШНЯ	ОРАНЖЕВИЙ
КОКОС	НЕКТАРИН
МАЛИНА	ПАПАЙЯ
ГУАВА	ГРУША
КІВІ	АНАНАС
ЛИМОН	БАНАН
МАНГО	

15 - Geología

```
К  А  Б  К  Е  З  Е  М  Л  Е  Т  Р  У  С
Г  А  П  Я  Л  Т  Р  В  У  Л  К  А  Н  У
Щ  Ґ  Л  Ю  У  К  О  Р  А  Л  О  В  И  Й
Ж  О  А  Ь  О  М  З  У  І  К  В  А  Р  Ц
Р  П  Т  Н  Ц  Н  І  У  Ш  Х  Н  К  Ц  Є
Ш  Ч  О  Ц  Е  І  Я  Щ  П  Е  Ч  А  И  Є
О  С  К  Ц  Г  Е  Й  З  Е  Р  Ц  М  М  Л
У  К  С  Ь  А  Д  Ф  Х  Ш  Н  Б  І  І  Т
К  Р  И  С  Т  А  Л  И  К  А  Г  Н  Н  Л
И  В  И  С  П  Е  Ч  Е  Р  А  Р  Ь  Е  А
С  С  Т  А  Л  А  К  Т  И  Т  Ж  О  Р  В
І  М  В  И  К  О  П  Н  И  Й  Д  Л  А  А
Л  Р  Р  К  О  Н  Т  И  Н  Е  Н  Т  Л  Ф
Ь  А  Е  С  Т  А  Л  А  Г  М  І  Т  И  Ч
```

КИСЛОТА	СТАЛАГМІТИ
КАЛЬЦІЙ	ВИКОПНИЙ
ШАР	ГЕЙЗЕР
ПЕЧЕРА	ЛАВА
КОНТИНЕНТ	ПЛАТО
КОРАЛОВИЙ	МІНЕРАЛИ
КРИСТАЛИ	КАМІНЬ
КВАРЦ	СІЛЬ
ЕРОЗІЯ	ЗЕМЛЕТРУС
СТАЛАКТИТ	ВУЛКАН

16 - Plantas

```
Ш Л Д Л Д Н К А К Т У С Б Ч
П Л М О Х М Е О Х Д О С О Е
Г К У Щ Б Т А Р Р У Х И Т Ц
Д М К Ж Р Р Б К В І Т К А Н
Д Е Я І И А И К У Ф Н Ж Н М
Я Л Р Т Ц В Н В Ґ Л Ь Ь І І
Г Ю Ю Е Д А К А О О Ю П К Ґ
О Ф Ю А В Х Ь С Л Р И Е А У
Д Н Ю Ч Л О Ю О И А П Л Ю Щ
А С С Л Т К К Л С А Д Ю К Ю
Х Б А М Б У К Я Т Н Н С Щ Т
Ю Ш А Ю Л І С О К О У Т О Г
К Б Н Г Л И С Т Я Н Ь К Н П
Р О С Л И Н Н І С Т Ь А Г Г
```

КУЩ	ЛИСТЯ
ДЕРЕВО	КВАСОЛЯ
БАМБУК	ПЛЮЩ
ЯГОДА	ТРАВА
ЛІС	ЛИСТ
БОТАНІКА	САД
КАКТУС	МОХ
ДОБРИВО	ПЕЛЮСТКА
КВІТКА	КОРІНЬ
ФЛОРА	РОСЛИННІСТЬ

17 - Suministros de Arte

```
К  П  І  У  І  Я  К  Ґ  Ґ  В  Н  А  Щ  Ч
Ґ  Ц  Д  Ґ  В  О  Р  Т  Т  М  Н  К  І  О
Г  М  Е  В  А  С  І  Ч  Я  О  У  В  Т  Р
К  У  Ї  Л  П  А  С  Т  Е  Л  І  А  К  Н
О  І  М  Ц  В  К  Л  Ж  Д  Ь  Н  Р  А  И
Л  В  Є  К  П  Р  О  І  К  Б  Р  Е  Щ  Л
Ь  К  Т  Ф  А  И  Л  Ш  Л  Е  У  Л  О  О
О  В  О  Д  А  Л  І  Л  Е  Р  Н  І  У  Б
Р  Т  К  Д  Т  О  В  Х  Й  Т  В  Г  Щ  А
И  Е  Ґ  Щ  І  В  Ц  Т  А  Б  Л  И  Ц  Я
Г  Л  И  Н  А  И  І  Ф  А  Р  Б  И  О  Р
П  А  П  І  Р  Й  К  А  М  Е  Р  А  Л  М
Т  В  О  Р  Ч  І  С  Т  Ь  Ф  Ь  Ф  І  Х
Я  К  Б  Ф  Е  Ж  Я  Ж  Ф  А  С  Щ  Я  И
```

ОЛІЯ	ТВОРЧІСТЬ
АКРИЛОВИЙ	ІДЕЇ
АКВАРЕЛІ	ОЛІВЦІ
ВОДА	ТАБЛИЦЯ
ГЛИНА	ПАПІР
ГУМКА	ПАСТЕЛІ
МОЛЬБЕРТ	КЛЕЙ
КАМЕРА	ФАРБИ
ЩІТКА	КРІСЛО
КОЛЬОРИ	ЧОРНИЛО

18 - Jardín

Д	С	Я	Ц	Б	Г	Л	К	Б	П	Л	Г	Ц	І
Д	Т	Р	А	В	А	О	Ч	У	Ґ	Д	А	Ш	Г
Т	А	А	Щ	У	З	П	П	Р	О	Я	Р	У	П
Щ	В	Т	У	Д	О	А	В	Я	Н	Ґ	А	М	Х
С	О	Л	Г	Є	Н	Т	Ь	Н	Ш	Т	Ж	Н	К
Є	К	Н	Ґ	А	Ґ	А	Т	І	Г	Е	У	Є	А
К	Ґ	Г	Р	І	Б	Ґ	Ш	В	Щ	Р	М	Л	В
У	В	І	У	Ш	Я	Ж	Л	А	В	А	Х	І	А
Щ	Ь	І	Н	Г	А	М	А	К	Ф	С	Б	Ґ	Е
М	К	И	Т	Л	У	Є	Н	Г	Р	А	Б	Л	І
Т	Г	Ш	Х	К	С	Ґ	Г	Д	Е	Р	Е	В	О
Л	Н	И	Б	А	Т	У	Т	Г	А	Н	О	К
К	Т	С	Ь	І	Д	П	А	Р	К	А	Н	Ф	А
Ф	Р	У	К	Т	О	В	И	Й	С	А	Д	О	Ц

КУЩ	САД
ДЕРЕВО	БУР'ЯНІВ
ЛАВА	ШЛАНГ
ГАЗОН	ЛОПАТА
СТАВОК	ГАНОК
КВІТКА	ГРАБЛІ
ГАРАЖ	ҐРУНТ
ГАМАК	ТЕРАСА
ТРАВА	БАТУТ
ФРУКТОВИЙ САД	ПАРКАН

19 - Países #2

```
С У Г А Н Д А А Л Х У Т П Ґ
Л И А Л Б А Н І Я Ь К Є А М
Є У Р Ю Я Р А І І И Р К К Ч
Щ Б Т І Г С О И Ш Г А Є И С
Г Ц М У Я Щ Ю С С Н Ї А С У
П О Р Т У Г А Л І Я Н В Т Д
Ф А В С Т Р І Я Н Я А С А А
Р Е Ґ Ґ М Е К С И К А Т Н Н
А Ф Б М Ю Ц Д А Н І Я Р Ь М
Н І К Щ Т І Ч Л А І Л А О С
Ц О Б Ю Ь Я П О Н І Я Л Ч Т
І П Ш О Ш І Р Л А Н Д І Я Е
Я І Ш Я М А Й К А Т Ц Я Ч И
Ґ Я І Н Д О Н Е З І Я Ч Е К
```

АЛБАНІЯ	ЯПОНІЯ
АВСТРАЛІЯ	ЛАОС
АВСТРІЯ	МЕКСИКА
ДАНІЯ	ПАКИСТАН
ЕФІОПІЯ	ПОРТУГАЛІЯ
ФРАНЦІЯ	РОСІЯ
ГРЕЦІЯ	СИРІЯ
ІНДОНЕЗІЯ	СУДАН
ІРЛАНДІЯ	УКРАЇНА
ЯМАЙКА	УГАНДА

20 - Tecnología

```
І С Т А Т И С Т И К А Г Щ Ц
Н В І Р Т У А Л Ь Н И Й Ф И
Т У М Ґ Б Я Б К Д А Н І А Ф
Е К У Р С О Р О О Б Б И Й Р
Р Б Д Є Б І А М С К Л Т Л О
Н Ц Е Є В Щ У П Л А В О К В
Е Ш Ч З Б Д З Ю І М І Е Г И
Т Ґ Л Є П Е Е Т Д Е Р Щ Ж Й
Ш Р П Е П Е Р Е Ж Р У Ж Г І
Р Л А Е Ж Ю К Р Е А С Х Х О
И С О Щ Ч У Н А Н К Б А Й Т
Ф Є Д М П Х Є П Н М Р Ж В Ф
Т В Ш Б Ц К Ш М Я Я Х А Ц А
Щ Ч П О В І Д О М Л Е Н Н Я
```

ФАЙЛ	ІНТЕРНЕТ
БЛОГ	ДОСЛІДЖЕННЯ
БАЙТ	ПОВІДОМЛЕННЯ
КАМЕРА	БРАУЗЕР
КУРСОР	КОМП'ЮТЕР
ДАНІ	ЕКРАН
ЦИФРОВИЙ	БЕЗПЕКА
СТАТИСТИКА	ВІРТУАЛЬНИЙ
ШРИФТ	ВІРУС

21 - Números

```
Т  Ш  Ч  Т  Р  И  Н  А  Д  Ц  Я  Т  Ь  М
Р  Д  І  О  П  Я  Т  Н  А  Д  Ц  Я  Т  Ь
И  Е  Б  С  Т  С  Д  Р  Щ  В  Р  Щ  Ґ  Ш
Д  В  С  Щ  Т  И  Д  В  А  І  І  Л  А  Б
В  Я  У  Х  Ґ  Ь  Р  Я  Д  С  Д  Д  Ґ  Т
А  Т  П  Ю  С  Ф  Л  Н  Ц  І  Б  С  Щ  Ш
Н  Н  У  Л  Ь  Є  О  Є  А  М  О  М  Н  Ц
А  А  С  Ш  І  С  Т  Н  А  Д  Ц  Я  Т  Ь
Д  Д  К  І  Д  Е  В  Я  Т  Ь  Ц  А  Х  П
Ц  Ц  О  Ж  М  Ч  О  Т  И  Р  И  Я  Щ  О
Я  Я  Д  Е  С  Я  Т  Ь  Ю  Г  Щ  Е  Т  М
Т  Т  М  Б  С  Ф  Я  С  П  Я  Т  Ь  С  Ь
Ь  Ь  С  І  М  Н  А  Д  Ц  Я  Т  Ь  Ь  Х
Ь  В  Ю  Д  Е  С  Я  Т  К  О  В  И  Й  Я
```

ЧОТИРНАДЦЯТЬ	ДВАНАДЦЯТЬ
НУЛЬ	ДВА
П'ЯТЬ	ДЕВ'ЯТЬ
ЧОТИРИ	ВІСІМ
ДЕСЯТКОВИЙ	П'ЯТНАДЦЯТЬ
ДЕВ'ЯТНАДЦЯТЬ	ШІСТЬ
ШІСТНАДЦЯТЬ	СІМ
СІМНАДЦЯТЬ	ТРИНАДЦЯТЬ
ДЕСЯТЬ	ТРИ

22 - Mitología

```
Ю Ц Щ Т Н Б Л Ґ С Б А С Щ Б
С Ь І Е Е Е А П Т Л В О Ї Н
Ю С Е Х Б З Б О В И Л Д А Г
И Н П М О С І В О С Р И Е Е
А Т П Ю У М Р Е Р К Е П Х Р
Г Р І М М Е И Д Е А В О Д О
М М Х Ґ Ш Р Н І Н В Н М Ч Й
Ф О Е Е Б Т Т Н Н К О С П Я
Ж Ф Н О Т Я Ф К Я А Щ Т Л Є
Ю Ч Ґ С С И Л А Ю Я І А А Н
І С Т О Т А П М Ґ В М Ь В Ґ
О Ю Ц Б И Р Л Е Г Е Н Д А Ж
Н П Ц П Е Р Е К О Н А Н Н Я
Щ Є Ю А Є К У Л Ь Т У Р А Б
```

АРХЕТИП	ВОЇН
РЕВНОЩІ	ГЕРОЙ
НЕБО	БЕЗСМЕРТЯ
ПОВЕДІНКА	ЛАБІРИНТ
СТВОРЕННЯ	ЛЕГЕНДА
ПЕРЕКОНАННЯ	МОНСТР
ІСТОТА	БЛИСКАВКА
КУЛЬТУРА	ГРІМ
ЛИХО	ПОМСТА
СИЛА	

23 - Ecología

```
Р Ц Щ Г Р Е С У Р С И І У З
П С В Ф Л О Р А Я Б М Ф П А
Х М И І О О Я Т О Е Д Ч І С
С О Ж Я Є Щ Б У Щ Х І Т Ф У
П Р И Р О Д А А Г О Р И А Х
Р С В И Д Б Е С Л Р Ґ Б У А
И Ь А Л Г О Ш Ш Ю Ь О Ш Н Н
Р К Н С Г Л Ж А К Р Н М А Л
О И Н Л Б О К І М Г У И А П
Д Й Я К Ж Т Ь Л Ю В Т С Й Д
Н Ц Л Р Ь О Х А І Ц В И Є Б
И Е Р О С Л И Н И М О Ч Ф Н
Й Г В Т Х У А Н Ґ Ч А К Н Ч
И И Р О С Л И Н Н І С Т Ь Щ
```

КЛІМАТ
ГРОМАД
ВИД
ФАУНА
ФЛОРА
ГЛОБАЛЬНИЙ
МОРСЬКИЙ
ГОРИ

ПРИРОДНИЙ
ПРИРОДА
БОЛОТО
РОСЛИНИ
РЕСУРСИ
ЗАСУХА
ВИЖИВАННЯ
РОСЛИННІСТЬ

24 - Herramientas

```
М Ж Ч Л Д Н Ж Ф Р Х Г Х Т Є
К О С О К И Р А Т Л Я В Є Щ
Ґ Л Т П Л О С К О Г У Б Ц І
Ю П Е У Т Л Х Е Е Я Ц Ю Ю Ґ
В Е У Й З Д І Л О П А Т А И
К Ц Г Т М К Б Н О Ж И Ц І С
К О Л Е С О А С І М Ґ С Х
Н І Ж К Х П В Щ Б Й О Ш Т О
П Д Х В Щ Ч Є В Ь У К Х Е Д
Ю Ц Ц Є Ш Х Б Р И Т В А П И
М О Л О Т О К А Б Е Л Ь Л И
С Ш О Г И Г В И Н Т Д Ч Е Х
І С Ь Л Ф Г Д В Е Ґ Ш О Р И
О Е У Г А А Ш Р Ю Щ Ш Ф Г М
```

ПЛОСКОГУБЦІ	МОЛОТОК
ФАКЕЛ	БРИТВА
КАБЕЛЬ	ЛОПАТА
НІЖ	КЛЕЙ
МОТУЗКА	ЛІНІЙКА
СХОДИ	КОЛЕСО
СТЕПЛЕР	НОЖИЦІ
СОКИРА	ГВИНТ

25 - Casa

```
К  Р  А  Н  Г  Д  В  Е  Р  І  Є  В  Л  Я
Б  С  Ь  Ж  О  Я  С  П  А  Л  Ь  Н  Я  М
У  Б  Т  К  Р  Д  А  Х  Ц  У  Е  Б  В  М
Ц  К  Ф  А  И  У  Д  Ґ  П  І  Д  В  А  Л
Д  Б  Л  М  Щ  Ш  Щ  Я  О  К  М  Л  С  Ь
З  Л  К  І  Е  Ш  Ґ  М  В  И  У  Я  Т  Д
Е  В  А  Н  Н  Ю  Ж  Х  Е  Л  К  Х  І  Д
Р  І  П  М  І  Т  Л  А  Р  И  Г  В  Н  Н
К  К  Ц  А  П  И  К  У  Х  М  Ч  Ч  А  Я
А  Н  Щ  Р  Р  А  Ґ  Ф  Ь  О  Ш  И  Г  В
Л  О  Ь  Ч  Ф  К  Щ  І  Д  К  О  Ж  Р  Ш
О  Л  Х  Ф  Ц  С  А  Т  П  М  Г  О  П  Ф
В  К  Е  М  Т  Ґ  И  Н  Г  А  Р  А  Ж  Щ
Б  І  Б  Л  І  О  Т  Е  К  А  М  В  Ф  С
```

КИЛИМОК	КРАН
ГОРИЩЕ	САД
БІБЛІОТЕКА	ЛАМПА
КАМІН	СТІНА
КУХНЯ	ПОВЕРХ
СПАЛЬНЯ	ДВЕРІ
ДУШ	ПІДВАЛ
МІТЛА	ДАХ
ДЗЕРКАЛО	ПАРКАН
ГАРАЖ	ВІКНО

26 - Artes Visuales

```
О Ш Р Л Б Ю І О Ш П Ч Ш І П
П Л Е Ф А Ц П Р Р Ю Щ М Х О
Е О І Д С К Л А Д П М О У Р
Р Е Ґ В Е У У В Р Ж Г Л Д Т
С Ф Щ Є Е В Л І Н Х Л Ь О Р
П В Я А И Ц Р С Ф Т И Б Ж Е
Е Р У Ч К А Ь К І Р Н Е Н Т
К Е Р А М І К А Л А А Р И У
Т В О Р Ч І С Т Ь Ф Щ Т К Ц
И М Ґ У Я Ф Ю Ю М А Є Є Є І
В О Ґ М Ф О Т О Г Р А Ф І Я
А І П Р Х І О К Р Е Й Д А У
Є Р Ж С К У Л Ь П Т У Р А Б
Ж Щ Ж А Р Х І Т Е К Т У Р А
```

ГЛИНА	ФОТОГРАФІЯ
АРХІТЕКТУРА	ОЛІВЕЦЬ
ХУДОЖНИК	ШЕДЕВР
ЛАК	ФІЛЬМ
МОЛЬБЕРТ	ПЕРСПЕКТИВА
ВІСК	ТРАФАРЕТ
КЕРАМІКА	РУЧКА
СКЛАД	ПОРТРЕТ
ТВОРЧІСТЬ	КРЕЙДА
СКУЛЬПТУРА	

27 - Escuela #2

```
А  В  Т  О  Б  У  С  Л  О  В  Н  И  К  О
К  К  Ж  Ч  Ш  Ф  Ю  Є  И  Ф  Ф  О  У  Л
А  А  Є  Щ  П  С  Б  Ь  Ч  Ш  Т  С  К  І
Д  Л  К  П  О  С  Т  А  В  К  И  В  Щ  В
Е  Е  О  Н  А  У  К  А  П  А  П  І  Р  Е
М  Н  М  Д  И  Л  В  Ь  Н  І  Д  Т  И  Ц
І  Д  П  Є  Я  Г  І  Г  Р  И  Ц  А  М  Ь
Ч  А  Ю  Ч  Ф  Г  И  Ч  И  Т  А  Н  Н  Я
Н  Р  Т  Л  І  Т  Е  Р  А  Т  У  Р  А  Ґ
И  Ю  Е  Б  І  Б  Л  І  О  Т  Е  К  А  О
Й  К  Р  Г  Р  А  М  А  Т  И  К  А  І  Е
Ч  З  Ч  Д  Ґ  О  І  С  Н  О  Ж  И  Ц  І
Е  А  Ц  Я  Р  С  Г  Ю  Н  П  Б  Я  Ю  Ь
И  К  О  Ш  Є  Ґ  Ж  В  Ч  И  Т  Е  Л  Ь
```

АКАДЕМІЧНИЙ	ЧИТАННЯ
АВТОБУС	КНИГИ
БІБЛІОТЕКА	ЛІТЕРАТУРА
КАЛЕНДАР	РЮКЗАК
НАУКА	КОМП'ЮТЕР
СЛОВНИК	ПАПІР
ОСВІТА	ВЧИТЕЛЬ
ГРАМАТИКА	ОДЯГ
ІГРИ	ПОСТАВКИ
ОЛІВЕЦЬ	НОЖИЦІ

28 - Selva Tropical

```
Ґ Д К О Р І Н Н І С Ь Д Н Ь
Ц Є Ж П Ґ Г Щ Б О И Ь Ш Е Ґ
Ф Ш Д У Л Д П О В А Г А К У
Д Х П І Н С Ш Т Ф Ш У И О Р
В Ф М О Х Г К А П Т А Х М Е
Б И Щ А К Н Л Н Р Я Г С А С
П Ц Ж Ь Р Ґ І І И О Р С Х Т
Р І Р И К И М Ч Т И О А Ф А
И Н К Ф В А А Н У Л М В Щ В
Р Н Я Я Т А Т И Л Я А Ц Х Р
О И С Г Ґ Ф Н Й О В Д І Я А
Д Й К С О К Ш Н К И А Г Ч Ц
А М Ф І Б І Ї Щ Я Д Н П Л І
Є В Ш З Б Е Р Е Ж Е Н Н Я Я
```

АМФІБІЇ	ХМАРИ
БОТАНІЧНИЙ	ПТАХ
КЛІМАТ	ЗБЕРЕЖЕННЯ
ГРОМАДА	ПРИТУЛОК
ВИД	ПОВАГА
КОРІННІ	РЕСТАВРАЦІЯ
КОМАХ	ДЖУНГЛІ
ССАВЦІ	ВИЖИВАННЯ
МОХ	ЦІННИЙ
ПРИРОДА	

29 - Colores

```
Б Ж О В Т И Й М П Х Ю П Д Р
Б Л Л А З У Р Н И Й К У Д О
Щ І А Ж Д Ю Ь П И Ф О С С Ж
Я Ь Л К Р Є О І С І Р И Й Е
Ц Ч Щ И И Е Р Л Е О И Н Ч В
Щ Л Н Д Й Т А Ц П Л Ч І Е И
Б Н Б Ф Р Щ Н Р І Е Н Й Р Й
Ж Е Ь Н Л Є Ж И Я Т Е Ф В З
Р И Ж М Ю І Е Ю Й О В У О Е
Ш Т И Е И Н В І Ц В И К Н Л
С Ґ Ч И В Д И Ж Г И Й С И Е
Т Ч О Р Н И Й І О Й Х І Й Н
Є П Ч Н М Г Й Щ О Ю С Я Ґ И
М А Л И Н О В И Й Т Ч Ь І Й
```

ЖОВТИЙ	ІНДИГО
СИНІЙ	КОРИЧНЕВИЙ
ЛАЗУРНИЙ	ОРАНЖЕВИЙ
БЕЖЕВИЙ	ЧОРНИЙ
БІЛИЙ	ФІОЛЕТОВИЙ
МАЛИНОВИЙ	ЧЕРВОНИЙ
БЛАКИТНИЙ	РОЖЕВИЙ
ФУКСІЯ	СЕПІЯ
СІРИЙ	ЗЕЛЕНИЙ

30 - Adjetivos #1

```
Щ С Е Р Й О З Н И Й А Т Ч Н
В Е Л И К И Й Ц Я Х Ц Е Х І
У Е Д П Б Щ И Ш Б Х А М Б Д
Я С К Р А В И Й Ч Е С Н И Й
В У В И И В А Ж Л И В И Й В
Е Ч А В І Й Ц І Н Н И Й О Р
Л А Ж А Р О М А Т И Ч Н И Й
И С К Б М П О В І Л Ь Н И Й
Ч Н И Л Н О Н Е В И Н Н И Й
Е И Й И Ж І Л А М Б І Т Н І
З Й Г В А Б С О Л Ю Т Н И Й
Н П Ґ И І Т В А Д М Ь П К Н
И І Ь Й Я И А К Т И В Н И Й
Й В І Д Е А Л Ь Н И Й Н Ш Л
```

АБСОЛЮТНИЙ	ВАЖЛИВИЙ
АКТИВНИЙ	НЕВИННИЙ
АМБІТНІ	МОЛОДИЙ
АРОМАТИЧНИЙ	ПОВІЛЬНИЙ
ПРИВАБЛИВИЙ	СУЧАСНИЙ
ЯСКРАВИЙ	ТЕМНИЙ
ВЕЛИЧЕЗНИЙ	ІДЕАЛЬНИЙ
ЩЕДРИЙ	ВАЖКИЙ
ВЕЛИКИЙ	СЕРЙОЗНИЙ
ЧЕСНИЙ	ЦІННИЙ

31 - Familia

```
М Ч О Л О В І К Щ Д І Т И К
Г А М А Н В С Б Ю И Ц І Б У
Ф И Т Ц У Т О А С Т І Т Д З
В П Я Е К Щ Г Б Е И Р К О Е
Д П Л Л Р Є М У С Н Д А Ч Н
І Р М Е Е И Щ С Т С И С К Ц
Д Е У Т М Н Н Я Р Т Т С А Б
И Д Х Ж Ц І Я С А В И А Б А
Ю О І К И Ю Н А Ь О Н Є І Т
О К В У Л Н Щ Н Х К А Ц Б Ь
Д Я Д Ь К О А В И Е И У Р К
К Д І Ґ М А Т И Н К Ш Й А О
П Л Е М І Н Н И Ц Я Ґ Т Т Т
Г Б Д Ш Ю И Б Я Е Ж Л Ш О Д
```

БАБУСЯ	МАТЕРИНСЬКИЙ
ДІД	ОНУК
ПРЕДОК	ДИТИНА
ДРУЖИНА	ДІТИ
СЕСТРА	БАТЬКО
БРАТ	КУЗЕН
ДОЧКА	ПЛЕМІННИЦЯ
ДИТИНСТВО	ПЛЕМІННИК
МАТИ	ТІТКА
ЧОЛОВІК	ДЯДЬКО

32 - Disciplinas Científicas

```
Ь  Л  А  Ф  Т  М  Е  Х  А  Н  І  К  А  П
І  І  Р  І  Е  К  О  Л  О  Г  І  Я  Б  С
М  Н  Х  З  Р  З  Н  Б  Х  Щ  П  О  Б  И
У  Г  Е  І  М  О  Е  О  Г  І  И  А  Н  Х
Н  В  О  О  О  О  В  Т  О  Ф  М  Б  К  О
О  І  Л  Л  Д  Л  Р  А  Х  Ж  Б  І  И  Л
Л  С  О  О  И  О  О  Н  Е  Н  Т  О  Я  О
О  Т  Г  Г  Н  Г  Л  І  Б  В  Х  Х  Б  Г
Г  И  І  І  А  І  О  К  Б  Ж  Ґ  І  Ґ  І
І  К  Я  Я  М  Я  Г  А  Н  Н  І  М  Б  Я
Я  А  Ь  Т  І  Б  І  О  Л  О  Г  І  Я  Ш
Ґ  Щ  Ґ  Е  К  Ґ  Я  Б  Ф  В  П  Я  Я  Т
И  У  Ц  Є  А  Н  А  Т  О  М  І  Я  Ф  О
О  Щ  Ю  Ц  У  Г  Е  О  Л  О  Г  І  Я  М
```

АНАТОМІЯ	ІМУНОЛОГІЯ
АРХЕОЛОГІЯ	ЛІНГВІСТИКА
БІОЛОГІЯ	МЕХАНІКА
БІОХІМІЯ	НЕВРОЛОГІЯ
БОТАНІКА	ПСИХОЛОГІЯ
ЕКОЛОГІЯ	ХІМІЯ
ФІЗІОЛОГІЯ	ТЕРМОДИНАМІКА
ГЕОЛОГІЯ	ЗООЛОГІЯ

33 - Gatos

```
М А Л Е Н Ь К И Й Ґ Щ Ш Р Г
І Р А Ш У Ц Г П Ж Ч Ю А И Р
Ц О П Ж С У І И Щ И Е Р Щ А
А С А М И Ш А К О И О Н С Й
Х О А С Ж Г І Е А Р О С К Л
Е Б Е Ю Ш А К Х В І С Т И
М И С Л И В Е Ц Ь Д И Е У В
Х С Е Е О И Я П Щ Р И Й О И
У Т С А Б Д Х Р Л Л С К Н Й
Т О Д М Ц К Б Я Л А Б Ф И Я
Р С М В С О Д Ж Ш К Ґ Е С Й
О Т Є Ж Н Е З А Л Е Ж Н И Й
Ж І С П Т С П А Т И Р Ч Ч Ч
Ж Ю Б О Ж Е В І Л Ь Н И Й Я
```

МИСЛИВЕЦЬ	ЛАПА
ХВІСТ	ОСОБИСТОСТІ
ЦІКАВИЙ	ХУТРО
СПАТИ	МАЛЕНЬКИЙ
ПРЯЖА	МИША
НЕЗАЛЕЖНИЙ	ШВИДКО
ГРАЙЛИВИЙ	ДИКИЙ
БОЖЕВІЛЬНИЙ	

34 - Cocina

Х	Л	А	Л	Ж	Ч	Ч	А	Ш	А	Ь	П	І	Ч
К	О	Г	М	Ї	Ж	А	Р	Е	М	Є	М	Х	П
К	Ж	Л	А	Н	Ф	Й	Е	Х	С	Х	О	И	М
Г	К	Е	О	Д	Ц	Н	Ц	Ь	Г	Ґ	Р	У	Ю
О	И	Ч	Т	Д	Ґ	И	Е	С	Ш	Т	О	Я	У
С	В	И	Л	К	И	К	П	К	Н	Е	З	С	Є
У	А	К	Щ	Ш	С	Л	Т	І	Є	Р	И	П	Ц
Н	О	Ж	І	І	Ж	Ґ	Ь	І	І	Я	Л	Е	П
С	Е	Р	В	Е	Т	К	А	Н	В	У	Ь	Ц	К
В	И	У	Ш	Ч	Ж	Ь	Б	С	И	Я	Н	І	І
В	Є	В	Т	А	Г	Л	Е	К	Р	К	И	Ї	У
Ц	Б	А	С	Ш	Ф	А	Р	Т	У	Х	К	Є	Ф
Е	Г	У	Б	К	А	Г	Р	И	Л	Ь	Л	Н	Л
Т	П	А	Л	И	Ч	К	А	М	И	О	С	Д	М

ЧАЙНИК

ЇЖА

МОРОЗИЛЬНИК

ЛОЖКИ

НОЖІ

ФАРТУХ

СПЕЦІЇ

ГУБКА

ПІЧ

ГЛЕЧИК

ПАЛИЧКАМИ

ГРИЛЬ

РЕЦЕПТ

ХОЛОДИЛЬНИК

СЕРВЕТКА

ГЛЕК

ЧАШКИ

ЧАША

ВИЛКИ

35 - Escuela #1

```
Ь Г П К Р І С Л О Б І Д П К
Б І Б Л І О Т Е К А А М И Н
Б Ч К В П Д И П Б Д Л А С И
М Ю Ч Д Я Р Ю Л К Ю Ф Р А Г
Є Ц Р В Ґ В П І Т У А К Т И
Ш П І О О Ґ Ч Є О Ц В Е И В
М А Т Е М А Т И К А І Р А Е
І П Д Є Д В Ґ А Т Д Т И Т С
В І Д П О В І Д І Е Ю Н Щ Е
Д Р У З І Ж С Д Ш Г Л М Ш Л
К Л А С С Ж П У Ч Ж Б Ь Л О
Р У Ч К И К И Ж М Ґ Д Г Н Щ
А О П У С Т Т П А П К И Л І
Щ І О Ю В Х И О Л І В Е Ц Ь
```

АЛФАВІТ	ОЛІВЕЦЬ
ОБІД	КНИГИ
ДРУЗІ	МАРКЕРИ
КЛАС	МАТЕМАТИКА
БІБЛІОТЕКА	ПАПІР
ПАПКИ	РУЧКИ
ВЕСЕЛОЩІ	ВЧИТЕЛЬ
ПИСАТИ	ВІДПОВІДІ
БЮРО	КРІСЛО
ІСПИТИ	

36 - Adjetivos #2

```
С О Л О Д К И Й Ш Ш П У Ф Ч
И В Д Ї С Т І В Н И Й С У Х
Л І І Р Е Л Е Г А Н Т Н И Й
Ь Д Ц Ж А В Ф Г Д У Е С О Ж
Н О І Г И М Т О Н У Ц Ц П П
И М К О С Й А С О Л О Н И Й
Й И А Р У И В Т О М И В С Я
М Й В Д Х Ь Х Р И А Д Х О Е
Р С И И И Ч И Н Ч И Б В Л
А Д Й Й М П Й С О Н Я И Л
З Д О Р О В И Й У Б В І Й Ґ
П Р И Р О Д Н И Й А У И О Ґ
Т В О Р Ч И Й Д Н Т О Е Й Ь
Н О Р М А Л Ь Н И Й Д И Є Е
```

ВТОМИВСЯ	ЦІКАВИЙ
ЇСТІВНИЙ	ПРИРОДНИЙ
ТВОРЧИЙ	НОРМАЛЬНИЙ
ОПИСОВИЙ	НОВИЙ
ДРАМАТИЧНІ	ГОРДИЙ
СОЛОДКИЙ	ГОСТРИЙ
ЕЛЕГАНТНИЙ	СОЛОНИЙ
ВІДОМИЙ	ЗДОРОВИЙ
СВІЖИЙ	СУХИЙ
СИЛЬНИЙ	

37 - Cuerpo Humano

Р	В	Т	В	Н	Ш	Ш	К	І	Р	А	О	В	П
Г	У	А	Ю	Є	И	Т	Ч	Р	Ш	М	Д	Я	І
Х	Х	К	Р	И	Я	Н	О	М	О	З	О	К	Д
Р	О	Х	А	А	З	Я	Ц	Н	У	В	Л	К	Б
Н	В	Є	І	Щ	И	С	Ж	О	Ч	Л	В	О	О
Р	В	Ц	Л	Н	К	Ь	Я	Г	Н	І	С	Л	Р
О	Г	О	Л	О	В	А	О	А	Г	К	Т	І	І
Т	П	Б	Б	К	Я	У	К	Я	Е	О	Ч	Н	Д
Я	Є	Л	Т	М	Г	Ь	О	Я	Я	Т	С	А	Д
Є	Е	И	Е	Е	П	А	Л	Е	Ц	Ь	Е	Л	Я
Ґ	С	Ч	Ж	Ч	А	А	Н	Р	Н	Є	Р	Г	Ґ
А	П	Ч	Г	Т	Е	Ц	С	О	Г	Л	Ц	Е	Л
Ґ	І	Я	Щ	Ц	Г	А	И	Г	С	Ж	Е	Х	Щ
Р	Щ	И	К	О	Л	О	Т	К	И	І	У	Ч	О

ПІДБОРІДДЯ
РОТ
ГОЛОВА
ОБЛИЧЧЯ
МОЗОК
ЛІКОТЬ
СЕРЦЕ
ШИЯ
ПАЛЕЦЬ
ПЛЕЧЕ

ЯЗИК
РУКА
НІС
ОКО
ВУХО
ШКІРА
НОГА
КОЛІНА
КРОВ
ЩИКОЛОТКИ

38 - Ciencia

```
І  Ч  Е  Ю  Р  В  И  К  О  П  Н  И  Й  Г
Д  К  Л  І  М  А  Т  К  М  О  Е  Е  Р  Р
Ч  А  С  Т  И  Н  К  И  І  Р  В  К  О  А
Я  О  Н  Ґ  Н  А  І  Л  Н  Г  О  С  С  В
Б  Т  Б  І  Ф  Т  М  А  Е  А  Л  П  Л  І
Ф  И  Б  Ш  Л  О  О  Б  Р  Н  Ю  Е  И  Т
Ц  І  Г  Ґ  Ф  М  Л  О  А  І  Ц  Р  Н  А
Т  І  З  Н  Г  А  Е  Р  Л  З  І  И  И  Ц
Ж  Ц  Т  И  Є  Ґ  К  А  И  М  Я  М  Т  І
Х  Д  К  Е  К  Л  У  Т  М  Є  Ж  Е  А  Я
М  Е  Т  О  Д  А  Л  О  В  Ч  Е  Н  И  Й
Є  Ю  Ч  Ц  П  Р  И  Р  О  Д  А  Т  Ю  Е
Н  Н  І  И  О  Ц  Г  І  П  О  Т  Е  З  А
Х  І  М  І  Ч  Н  І  Я  Ю  Ь  І  И  Т  И
```

АТОМ	ГІПОТЕЗА
ВЧЕНИЙ	ЛАБОРАТОРІЯ
КЛІМАТ	МЕТОД
ДАНІ	МІНЕРАЛИ
ЕВОЛЮЦІЯ	МОЛЕКУЛИ
ЕКСПЕРИМЕНТ	ПРИРОДА
ФІЗИКА	ОРГАНІЗМ
ВИКОПНИЙ	ЧАСТИНКИ
ГРАВІТАЦІЯ	РОСЛИНИ
ФАКТ	ХІМІЧНІ

39 - Dinosaurios

```
П Р Ґ З Ч Л М З В И Е Р Е Х
Д О И Х Н С Ж Ц Е Т В Е В В
О З Т Ь Ц И А Т Л М М Б О І
І М Р У И І К У И А Л Н Л С
С І А А Ж І И Н Ч М Е Я Ю Т
Т Р В И Д Н Ь К Е О С М Ц В
О П О П М В И С З Н О Ф І Е
Р О Ї К Щ С В Й Н Т Н А Я Л
И Р Д Ч Р Е П Т И Л І Я И И
Ч О Н К А Ї Е К Й Ч Ґ Ц І К
Н Ч І Р В Д І С П Р Ю П Н И
И Н Я И Т Н Є Т У Щ Ш Ь Х Й
Й Е К Л Я И Ц Ю С К У Л У Ц
С Ж Н А Т Й Б Ф Я В Ь Л Д Є
```

КРИЛА	МАМОНТ
ХВІСТ	ВСЕЇДНИЙ
ЗНИКНЕННЯ	ПОТУЖНИЙ
ВЕЛИЧЕЗНИЙ	ДОІСТОРИЧНИЙ
ВИД	РЕПТИЛІЯ
ЕВОЛЮЦІЯ	РОЗМІР
ВЕЛИКИЙ	ЗЕМЛЯ
ТРАВОЇДНІ	ПОРОЧНЕ

40 - Restaurante #2

```
Ч К Ч Х Л В Щ Г Д А Г Н Щ Н
Є Р В У О О И О Н Н Щ Е Д Н
Б Т И О Ж Д А Л С А Л А Т А
І Р В Б К А П І К У Ц І К П
В С О І А Ч Б Д Ц А П С Р І
У І Ф Д З А К У С К А М І Й
К Л І Я Й Ц Я Ч Х Б У А С Х
А Ь Ц О М С Н П Л У Т Ч Л С
Ф А І С Л П Н Х С І Е Н О Ч
Р А А Ю О Е Щ М Ц Л Б И В Т
У Г Н Щ Г Ц Ч М О С Р Й О О
К И Т Щ Ж І В Е Ч Е Р Я Ч Р
Т Е В М Щ Ї Ь Е Б Р У Г І Т
В А Т А Д Я Щ Т Ц К Х Я Ч У
```

ВОДА	ФРУКТ
ОБІД	ЛІД
ЗАКУСКА	ЯЙЦЯ
НАПІЙ	ТОРТ
ОФІЦІАНТ	РИБА
ВЕЧЕРЯ	СІЛЬ
ЛОЖКА	КРІСЛО
СМАЧНИЙ	СУП
САЛАТ	ВИЛКА
СПЕЦІЇ	ОВОЧІ

41 - Profesiones #1

```
М Ш Г С П О Р Т С М Е Н А Т
Е А Ф В О Д Г Ю Є І Ю П С Р
Д А Є Ч Ж Я Н Ц І Р Ж О Т Е
С М В К Е Ю В Е Л І Р С Р Н
Е Н У Т Ж Ш А Ь Р В Р О О Е
С П Л З Н Л К Є Є Л Е Л Н Р
Т Ж К Ч И І Х І Н У Д Г О К
Р Е Я Ф К К П Н Р Л А Л М П
А Л Ґ И П А А Д В О К А Т І
Б А Н К І Р С Н Т Л Т Ь Х А
Т А Н Ц Ю Р И С Т Ґ О Я Ц Н
М И С Л И В Е Ц Ь Щ Р Р Б І
К А Р Т О Г Р А Ф Д У Н Є С
П С И Х О Л О Г Е О Л О Г Т
```

АДВОКАТ	РЕДАКТОР
АСТРОНОМ	ПОСОЛ
СПОРТСМЕН	МЕДСЕСТРА
ТАНЦЮРИСТ	ТРЕНЕР
БАНКІР	ГЕОЛОГ
ПОЖЕЖНИК	ЮВЕЛІР
КАРТОГРАФ	МУЗИКАНТ
МИСЛИВЕЦЬ	ПІАНІСТ
ЛІКАР	ПСИХОЛОГ

42 - Vehículos

```
Щ В Н Д А В Т О М О Б І Л Ь
Т М С Б Є Е Р А К Е Т А Р Д
П А Ґ Е Ю Р А У І Б Т К Р М
С У К Б П Т К Ш Д У Ф Р Ч Ч
К К П С Л О Т Щ В С Д Б О У
А Л У К І Л О Ш И Н И Г В В
Р І Ж Т Т І Р Є Г Г Ю П Е Е
А Т Б Ч Е Т Ф Ф У Р Г О Н Л
В А Х О І Р И Ю Н І Н Р П О
А К А В Т О Б У С Ґ Ц О О С
Н В А Н Т А Ж І В К А М Ї И
С Д И И П Г Ю Ц М Ґ Р Т З П
И Ч В К У Г Р В Ш Є Х Ф Д Е
О Х Ш Ш Ц Ш Д Є Ш Б Х Ж У Д
```

АВТОБУС	ФУРГОН
ЛІТАК	ВЕРТОЛІТ
ПЛІТ	ЧОВНИК
ЧОВЕН	МЕТРО
ВЕЛОСИПЕД	ДВИГУН
ВАНТАЖІВКА	ШИНИ
КАРАВАН	СКУТЕР
АВТОМОБІЛЬ	ТАКСІ
РАКЕТА	ТРАКТОР
ПОРОМ	ПОЇЗД

43 - Vacaciones #2

І	П	Є	Ж	В	І	И	Є	Є	Б	Ф	Ґ	М	У
Т	А	О	С	Т	Р	І	В	Ч	Р	О	І	Ч	Н
Р	С	П	Ї	У	Ш	Д	І	П	О	Т	Н	Ч	К
А	П	І	О	З	Д	Щ	З	Л	Н	О	О	Т	А
Н	О	С	Ш	Д	Д	Б	А	Я	Ю	Ш	З	Г	Ю
С	Р	Ж	П	М	О	Р	Е	Ж	В	Ґ	Е	О	А
П	Т	А	К	С	І	Р	Б	Є	А	Щ	М	Т	Е
О	К	А	Р	Т	А	Т	О	Ц	Н	Ю	Е	Е	Р
Р	Е	С	Т	О	Р	А	Н	Ж	Н	А	Ц	Л	О
Т	Ч	Д	О	З	В	І	Л	Л	Я	А	Ь	Ь	П
И	Г	Ц	Е	О	Д	Ґ	Е	С	Ч	Ж	М	В	О
Н	И	В	Я	В	П	Р	П	Ґ	С	Н	Л	Е	Р
С	В	Я	Т	О	Щ	Ю	Т	Є	С	А	Ь	К	Т
М	П	Р	И	З	Н	А	Ч	Е	Н	Н	Я	Р	А

АЕРОПОРТ
НАМЕТ
ПРИЗНАЧЕННЯ
ІНОЗЕМЕЦЬ
ФОТО
ГОТЕЛЬ
ОСТРІВ
КАРТА
МОРЕ
ДОЗВІЛЛЯ

ПАСПОРТ
ПЛЯЖ
БРОНЮВАННЯ
РЕСТОРАН
ТАКСІ
ТРАНСПОРТ
ПОЇЗД
СВЯТО
ПОДОРОЖ
ВІЗА

44 - Cumpleaños

```
Г  Я  П  І  К  І  Д  Р  У  З  І  Д  М  Ґ
Ч  Н  В  І  Н  Т  Е  І  Х  Д  Ш  М  У  Г
С  А  Е  А  С  Л  Н  К  Г  И  І  И  Д  П
В  Ю  С  В  А  Н  Ь  Ф  Ф  Ю  Ґ  Р  Р  О
Я  Ф  Е  М  А  Ц  Я  Ь  Д  Т  Г  А  І  Д
Т  К  Л  Щ  А  С  Л  И  В  И  Й  Д  С  А
К  Т  О  Р  Т  М  Б  Ф  Б  К  К  І  Т  Р
У  К  Щ  У  П  О  Р  Ф  И  А  А  С  Ь  У
В  Ц  І  Ф  В  Л  У  М  Ю  Л  Р  Н  С  Н
А  Щ  Н  М  Ш  О  Г  Б  А  Е  Т  И  В  О
Н  Т  Т  Д  П  Д  Ч  Ф  М  Н  К  Й  І  К
Н  А  Р  О  Д  И  В  С  Я  Д  И  Ж  Ч  Ш
Я  Я  Д  Н  Ц  Й  О  Ґ  Ю  А  Ч  М  К  С
С  П  О  Г  А  Д  И  У  С  Р  Т  Ґ  И  Е
```

РАДІСНИЙ	МОЛОДИЙ
ДРУЗІ	НАРОДИВСЯ
РІК	ТОРТ
КАЛЕНДАР	СПОГАДИ
ПІСНЯ	ПОДАРУНОК
СВЯТКУВАННЯ	МУДРІСТЬ
ВЕСЕЛОЩІ	КАРТКИ
ДЕНЬ	ЧАС
ЩАСЛИВИЙ	СВІЧКИ

45 - Baile

```
Р И Т М И Ц Ф Х Р В В У Г М
П У Є И Ф Ф Б О Ц Т Г П Х У
В С Х С Ф Л Д Р Щ М С Г Ж З
Н Ж А Т Р Е П Е Т И Ц І Я И
В М В Е В Є У О Ф І Р О Р К
И Д Б Ц Ґ Р Ч Г И У Я Ж П А
П А Р Т Н Е Р Р Е М О Ц І Я
Е І Г В А Б Л А Г О Д А Т Ь
Ч Я Г О С Ч С Ф Ц Г Ь Г Є Х
Е Т Р А Д И Ц І Й Н И Й Ш Б
Ф Н Б Е Б Д П Я М Ф Б М А Ф
В И Р А З Н И Й Б Т Т І Л О
П О С Т А В А К А Д Е М І Я
І Б Т К У Л Ь Т У Р А Р Ж Ш
```

АКАДЕМІЯ	БЛАГОДАТЬ
МИСТЕЦТВО	РУХ
ХОРЕОГРАФІЯ	МУЗИКА
ТІЛО	ПОСТАВА
КУЛЬТУРА	РИТМ
ЕМОЦІЯ	ПАРТНЕР
РЕПЕТИЦІЯ	ТРАДИЦІЙНИЙ
ВИРАЗНИЙ	

46 - Matemáticas

```
П А Р А Л Е Л Ь Н И Й Б П К
Г Е О М Е Т Р І Я С П А А У
О М Р С Ф Е Р А М П Р Г Р Т
К К А И О Б С Я Г Л Я А А И
Р Ж Д К М Ц С У Щ О М Т Л Д
У Є І У Н Е Е Н М Щ О О Е І
Г Х У Н Ф Ф Т Д І А К К Л А
Є Ю С А Р Е Т Р И Ю У У О М
Д Е С Я Т К О В И Й Т Т Г Е
Т Р И К У Т Н И К Ф Н Н Р Т
П О К А З Н И К Я Щ И И А Р
С И М Е Т Р І Я Ю У К К М Ґ
Б Р Я Ж Р І В Н Я Н Н Я Л Щ
Н А Р И Ф М Е Т И К А И В Д
```

АРИФМЕТИКА	ПАРАЛЕЛЬНИЙ
КУТИ	ПАРАЛЕЛОГРАМ
ОКРУГ	ПЕРИМЕТР
ПЛОЩА	БАГАТОКУТНИК
ДЕСЯТКОВИЙ	РАДІУС
ДІАМЕТР	ПРЯМОКУТНИК
РІВНЯННЯ	СИМЕТРІЯ
СФЕРА	СУМА
ПОКАЗНИК	ТРИКУТНИК
ГЕОМЕТРІЯ	ОБСЯГ

47 - Restaurante #1

```
Б А Г С О У С Н Я И Ю Ж Т Щ
Т Ш М Е Н Ю С Ф І Е Ж Ц Є К
І Н Г Р Е Д І Є Н Т И С Б Б
В І Ь В О П К Щ І К А С И Р
Т Ж Ю Е Г Ф Ч У І К Б І Т О
К Г Я Т Ф Ц І Х Р Я Я С А Н
Г У П К И Ю Г Ц Ь К А О Р Ю
О Х Х А Ф М Ь Ь І Д А Ч І В
С Т Л Н Ф Ь Ц А Ч А Ш А Л А
Т Л І М Я С О Х Л Н Н Г К Н
Р О Б А Л Е Р Г І Я У Т А Н
И В Т Л Ї Д Е С Е Р Т Ґ К Я
Й Я С Ь Ж М Т Б В Ц Ж Ю Л А
К А В А А И І Ш Л Г І Б Ч Ґ
```

АЛЕРГІЯ	ХЛІБ
КАВА	ГОСТРИЙ
КАСИР	ТАРІЛКА
ОФІЦІАНТКА	КУРКА
М'ЯСО	ДЕСЕРТ
КУХНЯ	БРОНЮВАННЯ
ЇЖА	СОУС
НІЖ	СЕРВЕТКА
ІНГРЕДІЄНТИ	ЧАША
МЕНЮ	

48 - Profesiones #2

```
Ф Ж Е І Л Ю С Т Р А Т О Р Х
І У С Н Б І О Л О Г Б П Л У
Л Р А Ж Ф О Т О Г Р А Ф І Д
О Н Д Е Т Е К Т И В Ч Г Н О
С А І Н У Е И М С И Б Р Г Ж
О Л В Е Е В Ч И Т Е Л Ь В Н
Ф І Н Р Ю Е Е Ю О М А Ь І И
И С И Х Е И Ю Ф М К Л Ш С К
Х Т К Ь В О П М А П И М Т Т
І Л Б І Б Л І О Т Е К А Р П
Р А І Ґ М Ч Л Т О Ц Є И Р Ф
У М Є К У Д О С Л І Д Н И К
Р Ю К Н А С Т Р О Н А В Т М
Г Р Т Х І Р О Г Г С Ж Н Ж Щ
```

АСТРОНАВТ
БІБЛІОТЕКАР
БІОЛОГ
ХІРУРГ
СТОМАТОЛОГ
ДЕТЕКТИВ
ФІЛОСОФ
ФОТОГРАФ
ІЛЮСТРАТОР

ІНЖЕНЕР
ДОСЛІДНИК
САДІВНИК
ЛІНГВІСТ
ЛІКАР
ЖУРНАЛІСТ
ПІЛОТ
ХУДОЖНИК
ВЧИТЕЛЬ

49 - Senderismo

```
Ю П К А Р Т А П А Р К И Ь И
Т І П Р И Р О Д А К О Щ Є Р
У Д К Я Є К І Ч И П С Ч Ф А
Ю Г Д Г Ж Ю А Д Н А Р Ч Р Є
Г О Я В Т О М И В С Я О И Х
Ц Т Є О В Р Є К І П Т Б Р Т
Ґ О І Д А І Б И В Є Ю О О Е
І В У А Р Є К Й Ґ А Т Т П Ц
С К Х П И Н А Е Х А Ж И У Ґ
О А Т Ч Н Т М Н М А С К А Щ
Н І М Р Е А Е Ф П П Т К И Ф
Ц Г Х І Ь Ц Н И Р Х І Ь Г Й
Е Н Р Ч Т І І Ь М В И Н І И
Г О Р А Ш Я К Л І М А Т Г Т
```

ВОДА	ПРИРОДА
ТВАРИН	ОРІЄНТАЦІЯ
ЧОБОТИ	ПАРКИ
КЕМПІНГ	ВАЖКИЙ
ВТОМИВСЯ	КАМЕНІ
КЛІМАТ	ПІДГОТОВКА
САМІТ	ДИКИЙ
КАРТА	СОНЦЕ
ГОРА	

50 - Naturaleza

```
Б Ж П Є С Т П Я С І Ч Ф О Д
Е Л І С Ф В У К Р А С А К А
З И Ґ Ґ Ц А С М М Д Л Л Х Р
Т С У Р П Р Т И А И Ь Т М К
У Т Г О Р И Е Р Ф Н О Р А Т
Р Я Ц И И Н Л Н Д А Д О Р И
Б Ґ Б Є Т М Я О К М О П И Ч
О Р Е Г У Д Ч Є Ю І В І М Н
Т Ь І Р Л Ц Ш Б Д Ч И Ч Я И
Н И Ш Ч О І Ф Ц К Н К Н М Й
И М У У К З Ф І Д И К И Й Б
Й Н П Х Є А І Т Ц Й К Й Ш И
М О Н Ж И В Х Я Ґ Б Д Ж І Л
В Ц Ш М С В Я Т И Л И Щ Е Т
```

БДЖІЛ	ГОРИ
ТВАРИН	ТУМАН
АРКТИЧНИЙ	ХМАРИ
КРАСА	МИРНО
ЛІС	ПРИТУЛОК
ПУСТЕЛЯ	РІЧКА
ДИНАМІЧНИЙ	ДИКИЙ
ЕРОЗІЯ	СВЯТИЛИЩЕ
ЛИСТЯ	БЕЗТУРБОТНИЙ
ЛЬОДОВИК	ТРОПІЧНИЙ

51 - Vacaciones #1

```
О  З  Е  Р  О  М  А  Р  Ш  Р  У  Т  Л  Х
Е  Х  Ґ  У  Е  К  С  П  Е  Д  И  Ц  І  Я
Ч  Ц  У  Е  Ю  Б  Ц  Ц  У  М  Т  Ф  Т  К
П  Л  А  В  А  Т  И  И  Ґ  И  У  Щ  А  Я
А  Ю  К  А  У  Ж  Х  Є  А  Т  Р  Р  К  Х
Р  В  А  Л  І  З  А  Ж  Р  Н  И  Р  О  Б
А  А  Т  Х  Г  Щ  Х  Б  К  И  С  Е  Л  Щ
С  Л  И  О  Є  Д  Р  Щ  О  Ц  Т  Г  Ю  Ч
О  Ю  Б  Я  М  Б  Х  Л  Я  Я  Х  Ж  Д  Т
Л  Т  Р  Х  Ь  О  І  Ж  М  У  З  Е  Й  Л
Ь  А  Щ  Ж  О  Ь  Б  Т  Р  А  М  В  А  Й
К  В  И  Т  О  К  М  І  Р  Ю  К  З  А  К
А  Р  О  З  С  Л  А  Б  Л  Е  Н  Н  Я  Ч
Р  Ь  Ц  Н  Ґ  Х  Р  Ц  Х  Ь  Г  Л  О  Х
```

МИТНИЦЯ	РЮКЗАК
ЛІТАК	ВАЛЮТА
КВИТОК	МУЗЕЙ
АВТОМОБІЛЬ	ПЛАВАТИ
ЕКСПЕДИЦІЯ	ПАРАСОЛЬКА
МАРШРУТ	РОЗСЛАБЛЕННЯ
ОЗЕРО	ТРАМВАЙ
ВАЛІЗА	ТУРИСТ

52 - Conduciendo

```
Г А Л Ь М А К Х І Ю Г М У Щ
Т Т В Щ О Г А З В У Л И Ц Я
Р У А Т Т Ц Р П О Л І Ц І Я
А М Н І О Ш Т Ж І Ц О Б Н Л
Ф О Т Е Р М А В Ґ Ш Ч Є Д Р
І Т А І Л С О В Е Ч О Ю И Ш
К О Ж Л О Ь Т Б Р Є Л Х Щ В
Б Ц І І И Х Ч К І Н Х В І И
Е И В Ц Г А Р А Ж Л О Г И Д
З К К Е Е В М Р Д Х Ь Д Е К
П Л А Н П А Л И В О Ґ Є Д І
Е Е М З Т Р А Н С П О Р Т С
К Л Я І О І Р С Ґ Г Г Г Б Т
А Ц В Я О Я Т Ч Ш В Я П Х Ь
```

АВАРІЯ	МОТОЦИКЛ
ВУЛИЦЯ	МОТОР
ВАНТАЖІВКА	ПІШОХІД
АВТОМОБІЛЬ	ПОЛІЦІЯ
ПАЛИВО	БЕЗПЕКА
ГАЛЬМА	ТРАНСПОРТ
ГАРАЖ	ТРАФІК
ГАЗ	ТУНЕЛЬ
ЛІЦЕНЗІЯ	ШВИДКІСТЬ
КАРТА	

53 - Ballet

```
Т  А  Н  Ц  Ю  Р  И  С  Т  І  В  А  О  В
Ґ  Х  У  Д  О  Ж  Н  І  Й  О  Л  Є  П  И
Х  О  Р  Е  О  Г  Р  А  Ф  І  Я  Г  Л  Р
І  Ш  О  О  М  Ґ  О  О  В  К  Я  Г  Е  А
Ґ  У  К  Х  Я  Я  Б  Ь  Л  И  О  А  С  З
У  Є  И  Я  М  У  З  И  К  А  Ч  М  К  Н
О  Р  К  Е  С  Т  Р  И  Т  М  Н  К  И  И
А  У  Д  И  Т  О  Р  І  Я  Є  Ч  Ь  А  Й
І  Н  Т  Е  Н  С  И  В  Н  І  С  Т  Ь  Е
Р  Е  П  Е  Т  И  Ц  І  Я  С  Я  П  К  В
Н  А  У  О  У  Ш  П  Р  А  К  Т  И  К  А
Е  Ж  Е  С  Т  Е  Х  Н  І  К  А  И  Ф  Ґ
К  О  М  П  О  З  И  Т  О  Р  Т  Ф  Л  Ж
Б  А  Л  Е  Р  И  Н  А  М  И  Ч  У  Б  Ь
```

ОПЛЕСКИ	ЖЕСТ
ХУДОЖНІЙ	НАВИЧКА
АУДИТОРІЯ	ІНТЕНСИВНІСТЬ
БАЛЕРИНА	УРОКИ
ТАНЦЮРИСТІВ	М'ЯЗИ
КОМПОЗИТОР	МУЗИКА
ХОРЕОГРАФІЯ	ОРКЕСТР
РЕПЕТИЦІЯ	ПРАКТИКА
СТИЛЬ	РИТМ
ВИРАЗНИЙ	ТЕХНІКА

54 - Aventura

```
К Т Н Д І Я Л Ь Н І С Т Ь Ш
Ю Х Ф Е У Р Я В Х У Ш Т Ц И
Щ С Ш Ч Б Е З П Е К А С Ґ В
Д Р У З І Е Ж У М Л Н Д Н П
Ю Ц Д А І Ю З Х Щ Б С Д У П
М А Р Ш Р У Т П Р И Р О Д А
П О Д О Р О Ж І Е Н О К Ф У
Е К С К У Р С І Я Ч О Т Д Ж
І К Р А Д І С Т Ь А Н В Ц Ь
П Р И З Н А Ч Е Н Н Я И И О
Н А В І Г А Ц І Я Ж Р О Й Й
П С Е Н Т У З І А З М Ґ П У
Ф А И І Н Е З В И Ч А Й Н І
Е Ь Х С С Т Р У Д Н І С Т Ь
```

ДІЯЛЬНІСТЬ	МАРШРУТ
РАДІСТЬ	ПРИРОДА
ДРУЗІ	НАВІГАЦІЯ
КРАСА	НОВИЙ
ПРИЗНАЧЕННЯ	ШАНС
ТРУДНІСТЬ	НЕБЕЗПЕЧНИЙ
ЕНТУЗІАЗМ	БЕЗПЕКА
ЕКСКУРСІЯ	ПОДОРОЖІ
НЕЗВИЧАЙНІ	

55 - Pájaros

Е	С	А	Д	Е	В	Р	Ч	Ь	Г	О	П	Г	Щ
Г	Д	Т	У	К	А	Н	А	Ж	Б	Л	Е	О	Ю
Ц	В	О	Р	О	Н	А	Й	Н	Г	Е	Л	Р	Ж
Л	И	П	Щ	А	Я	Я	К	Г	Х	Б	І	О	Р
Ґ	У	П	А	П	У	Г	А	У	Б	І	К	Б	Ч
Р	Е	Г	Ґ	Н	Н	С	Т	С	Р	Д	А	Е	А
З	П	І	Н	Г	В	І	Н	К	С	К	Н	Ц	П
Ґ	О	Я	С	Т	Р	У	Б	А	Е	А	А	Ь	Л
С	Р	З	Я	Л	Г	О	Л	У	Б	Ю	К	Ю	Я
И	Е	Д	У	Е	Р	Я	У	Н	В	Ю	А	У	Й
У	Л	Ц	Ф	Л	А	М	І	Н	Г	О	Ч	Щ	Ц
И	Щ	С	Ф	Е	Я	Ґ	Ь	Ш	Д	А	К	Л	Е
О	Є	Г	И	К	К	Ґ	Р	Б	Є	А	А	В	Н
Ц	Я	Г	П	А	К	Ц	Щ	У	Б	У	Р	С	В

STRAUS / СТРАУС
ОРЕЛ
ЛЕЛЕКА
ЛЕБІДКА
ЗОЗУЛЯ
ВОРОНА
ФЛАМІНГО
ГУСКА
ЧАПЛЯ
ЧАЙКА

ГОРОБЕЦЬ
ЯСТРУБ
ЯЙЦЕ
ПАПУГА
ГОЛУБ
КАЧКА
ПЕЛІКАН
ПІНГВІН
КУРКА
ТУКАН

56 - Playa

```
Ч Щ Ф И Г Ш Л Ч К Р Ц П В Л
К О Я Ґ Л Ц Е Я С У Д А І Ж
У Є В Е Я Я К В А Ш Н Р Д А
Ш М Я Е М О Р Е Н Н П А П Ґ
І І П Ч Н Ч А В Д И Л С У О
Х Р Д І О К Б Ш А К А О С К
І В Є С С Р Я Ш Л У В Л Т Е
Д У И И Т О И Ю І Р А Ь К А
П Д В Н Р О К Ф У Р Т К А Н
Ю А В І І С О Н Ц Е И А Л Є
Г Ь С Й В Л А Г У Н А І Н К
У З Б Е Р Е Ж Ж Я Х А О Ґ О
Д Х Ш В І Т Р И Л Ь Н И К Н
Д Ґ Р Ґ Ч Е Ц Ш І Ь Н Є П
```

ПІСОК
РИФ
СИНІЙ
ЧОВЕН
КРАБ
УЗБЕРЕЖЖЯ
ОСТРІВ
ЛАГУНА
МОРЕ

ПЛАВАТИ
ОКЕАН
ПАРАСОЛЬКА
САНДАЛІ
СОНЦЕ
РУШНИК
ВІДПУСТКА
ВІТРИЛЬНИК

57 - Surf

Ч	И	Г	И	П	С	Ґ	И	Г	Д	В	Ґ	К	О
Ь	Я	Ш	Ю	І	О	П	Ю	Ю	Х	О	Н	А	К
І	В	Ж	Т	Н	С	П	О	П	П	В	М	В	Е
С	Є	Г	Г	А	Н	Л	У	Р	И	Ф	И	Р	А
Т	А	Х	Ж	Я	М	Я	В	Л	Т	Ш	Є	Л	Н
И	Г	Р	Е	П	П	Ж	Е	Щ	Я	С	Є	О	Я
Л	Ш	Л	У	Н	О	К	С	Л	Б	Р	М	А	Е
Ь	Ю	Л	С	А	Г	Ь	Е	В	Ь	Е	Н	Е	Б
Н	Я	М	Ю	Т	О	Б	Л	Ж	Ґ	В	С	И	Н
В	Е	С	Л	О	Д	Н	О	В	А	Ч	О	К	Й
Є	Х	В	К	В	А	А	Щ	С	П	Р	Е	Й	Б
В	С	И	Ж	П	К	А	І	Ф	С	Я	Г	Л	В
С	И	Л	А	П	Л	А	В	А	Т	И	І	С	Е
Н	Ю	Ф	Ю	Ц	Ч	Е	М	П	І	О	Н	Ч	І

РИФ
СПОРТСМЕН
ЧЕМПІОН
ПОГОДА
ВЕСЕЛОЩІ
ПІНА
СТИЛЬ
ШЛУНОК
СИЛА

НАТОВП
ПЛАВАТИ
ОКЕАН
ХВИЛЯ
ПЛЯЖ
ПОПУЛЯРНИЙ
НОВАЧОК
ВЕСЛО
СПРЕЙ

58 - Geografía

```
Р  Е  Г  І  О  Н  Х  Н  Ц  П  Р  И  І  П
І  М  Л  Щ  С  Ґ  І  В  Б  Є  О  Р  К  І
Ч  О  Е  Д  О  В  Г  О  Т  А  О  Ь  У  В
К  Р  А  Р  Є  П  І  В  Д  Е  Н  Ь  М  К
А  Е  Т  Ш  И  Р  О  Т  А  Ь  Д  К  І  У
Ц  Д  Л  П  В  Д  Ц  К  Ф  І  Щ  О  С  Л
П  Ф  А  Г  Е  Б  І  Р  Ш  П  О  Н  Т  Я
К  Ф  С  О  У  Ш  З  А  Х  І  Д  Т  О  О
В  Ґ  Г  Р  Ф  Х  Я  Ї  Н  В  У  И  Ґ  С
Щ  И  К  А  Р  Т  А  Н  Ш  Н  Ж  Н  У  Т
Є  А  С  Х  У  Н  Ґ  А  М  І  Я  Е  Ж  Р
И  Е  Ж  О  Д  В  Х  К  М  Ч  Є  Н  Х  І
Т  Е  Р  И  Т  О  Р  І  Я  Д  Х  Т  Г  В
Д  Щ  Ю  С  Ш  А  Є  В  Ш  И  Я  Н  С  Р
```

ВИСОТА
АТЛАС
МІСТО
КОНТИНЕНТ
ПІВКУЛЯ
ОСТРІВ
ШИРОТА
ДОВГОТА
КАРТА
МОРЕ

МЕРИДІАН
ГОРА
СВІТ
ПІВНІЧ
ЗАХІД
КРАЇНА
РЕГІОН
РІЧКА
ПІВДЕНЬ
ТЕРИТОРІЯ

59 - Deportes

```
Ч В Ь Н К О Ж Ю Ґ И С Ж Г Б
К О М А Н Д А Ш Ґ Н Т Т І Е
Ю С П О Р Т С М Е Н А Р М Й
П Е Р Е М О Ж Е Ц Ь Д Е Н С
Ш Г А П П Я И Є І Є І Н А Б
Е Б Щ Ґ Щ Ф Щ С Б Ш О Е З О
Ц А К Я Ш Р І Г Я Г Н Р І Л
Щ С Г І М Н А С Т И К А Я К
Р К Х К Ш Я Я С У Д Д Я Г Ч
П Е Ь О Ц Г Р А В Е Ц Ь Т Ю
Р Т Г Я К В Е Л О С И П Е Д
У Б К Р Ч Е М П І О Н А Т Ґ
Х О Ш Є А Ч Й Г О Л Ь Ф С Б
П Л А В А Т И Т Е Н І С В Я
```

СПОРТСМЕН	ГІМНАСТИКА
СУДДЯ	ГІМНАЗІЯ
БАСКЕТБОЛ	ГОЛЬФ
БЕЙСБОЛ	ХОКЕЙ
ВЕЛОСИПЕД	ГРА
ЧЕМПІОНАТ	ГРАВЕЦЬ
ТРЕНЕР	РУХ
КОМАНДА	ПЛАВАТИ
СТАДІОН	ТЕНІС
ПЕРЕМОЖЕЦЬ	

60 - Actividades

```
Д С А Д І В Н И Ц Т В О К З
З Д І Я Л Ь Н І С Т Ь М Ґ А
Ш А Т К Н А В И Ч К А К Ч Д
Х Ц Г М Е Д О З В І Л Л Я О
Г Є Ч А Ч Р Ь А Б Г Т Є Ь В
Р Ц Ш Ф Д Т А И І Р Х У Т О
И Ґ Р У Х К Ш М Ш И Т Т Я Л
Б Р Д О Є Х И С І І Л Я Ж Е
О К Е М П І Н Г И К К А Х Н
Л Ц С М М А Г І Я Ц А Л Ж Н
О Ц К Ц Е І Н Т Е Р Е С И Я
В О Р О З С Л А Б Л Е Н Н Я
Л И Ю Л П О Л Ю В А Н Н Я Н
Я Ф О Т О Г Р А Ф І Я Р Л О
```

ДІЯЛЬНІСТЬ	САДІВНИЦТВО
РЕМЕСЛА	ІГРИ
КЕМПІНГ	МАГІЯ
ПОЛЮВАННЯ	ДОЗВІЛЛЯ
КЕРАМІКА	РИБОЛОВЛЯ
ШИТТЯ	ЗАДОВОЛЕННЯ
ФОТОГРАФІЯ	РОЗСЛАБЛЕННЯ
НАВИЧКА	ЗАГАДКИ
ІНТЕРЕСИ	

61 - Verduras

```
Д  С  П  І  Ч  К  О  С  Б  О  Б  М  Ч  М
О  А  П  В  М  Б  К  Е  А  Г  Ш  О  И  М
Ґ  Л  Ю  Е  Я  Б  Є  Л  К  І  Ц  Р  Е  П
Б  А  Щ  Л  С  П  И  Е  Л  Р  И  К  А  О
Р  Т  Ґ  С  Ю  Е  П  Р  А  О  Б  В  Д  М
О  Е  Ш  Ф  С  Т  Ж  А  Ж  К  У  А  Є  І
К  Ф  Д  Ц  Ґ  Р  В  Р  А  Щ  Л  Т  Ґ  Д
О  Л  В  И  Ш  У  О  Т  Н  Ч  Я  Ч  Л  О
Л  Щ  Е  Ц  С  Ш  В  И  Г  О  Р  О  Х  Р
І  Ю  Ш  Г  У  К  І  Ш  П  И  Н  А  Т  Л
Г  Б  Б  Б  Т  А  М  О  Г  А  Р  Б  У  З
Щ  Р  І  П  А  Ф  Я  К  О  Л  И  В  К  А
Ф  В  И  К  А  Р  Т  О  П  Л  Я  И  Р  Ф
В  Л  Ш  Б  Ч  А  С  Н  И  К  М  Х  Р  И
```

ЧАСНИК	ІМБИР
АРТИШОК	РІПА
СЕЛЕРА	ОЛИВКА
БАКЛАЖАН	КАРТОПЛЯ
БРОКОЛІ	ОГІРОК
ГАРБУЗ	ПЕТРУШКА
ЦИБУЛЯ	РЕДИС
САЛАТ	ГРИБ
ШПИНАТ	ПОМІДОР
ГОРОХ	МОРКВА

62 - Instrumentos Musicales

```
Б  Щ  Щ  М  Б  Ф  С  Я  Р  Ф  У  И  С  Ґ
І  Р  А  Н  У  С  А  К  Ш  Я  Д  Л  Ґ  Е
Я  Б  Д  Б  Б  С  Б  Г  Р  Ч  А  Р  Ф  А
С  А  К  С  О  Ф  О  Н  О  И  Р  І  Н  Ф
Г  Г  О  Ф  Н  Г  О  Н  Г  Т  П  С  Ф  Л
І  О  Т  Р  У  Б  А  Г  Т  Ц  М  К  Б  Е
Т  Б  М  Ш  С  И  Р  А  Р  Ґ  А  Л  А  Й
А  О  І  І  Ж  Л  В  Р  О  Х  Н  А  Р  Т
Р  Й  Щ  М  Л  Р  Ф  М  М  Ю  Д  Р  А  А
А  Щ  Н  И  Ц  К  Ґ  О  Б  Ж  О  Н  Б  Д
Щ  П  Л  Ц  О  У  И  Н  О  П  Л  Е  А  Б
С  Х  В  Ґ  А  Ґ  Ь  І  Н  О  І  Т  Н  Ь
Б  А  Н  Д  Ж  О  Щ  К  Г  Ґ  Н  Є  Ь  В
Ф  О  Р  Т  Е  П  І  А  Н  О  А  Х  Ь  Д
```

ГАРМОНІКА	ГОБОЙ
АРФА	БУБОН
БАНДЖО	УДАР
ГОМІЛКИ	ФОРТЕПІАНО
КЛАРНЕТ	САКСОФОН
ФАГОТ	БАРАБАН
ФЛЕЙТА	ТРОМБОН
ГОНГ	ТРУБА
ГІТАРА	СКРИПКА
МАНДОЛІНА	

63 - Mascotas

Ч	В	И	Ї	Ж	А	Ц	Х	Е	Ж	К	В	Е	И
Ц	Е	І	І	Н	Т	Е	У	О	К	Є	Ш	Б	Ш
И	Т	Р	И	Б	А	Ц	К	Ц	М	К	В	Ш	И
О	О	Я	Е	Ґ	А	Ґ	О	Ґ	Е	Я	О	Ч	Е
Я	Щ	К	Щ	П	Е	С	Р	П	В	Н	К	А	В
К	Б	К	О	З	А	А	О	Я	Б	Ю	Я	Щ	Е
К	Р	О	Л	И	К	Х	В	І	С	Т	О	Я	Т
К	І	Ш	К	А	Н	П	А	П	У	Г	А	Щ	Е
Ш	Ю	Е	К	О	Ш	Е	Н	Я	К	О	М	І	Р
Л	А	П	И	Ь	Т	В	С	В	Ю	І	У	Р	И
А	И	Б	Я	Н	О	Ц	Ґ	О	Х	Ю	Е	К	Н
Ю	Ь	Б	Д	Ґ	Я	С	А	Д	І	Х	Л	А	А
П	К	Е	Т	Е	Ш	І	Г	А	Ю	Ц	Є	Ш	Р
Н	Щ	У	Ц	К	Р	І	Ф	М	И	Ш	А	Л	Х

ВОДА	ЯЩІРКА
КОЗА	ПАПУГА
ЦУЦЕНЯ	ЛАПИ
ХВІСТ	ПЕС
КОМІР	РИБА
ЇЖА	МИША
КРОЛИК	ЧЕРЕПАХА
КОШЕНЯ	КОРОВА
КІШКА	ВЕТЕРИНАР
ХОМ'ЯК	

64 - Formas

К	Р	У	Г	Л	И	Й	Я	Д	Ж	Ь	Ю	Ш	Ч
Т	Р	И	К	У	Т	Н	И	К	П	Г	Р	Я	Х
К	О	Н	У	С	Л	Д	Р	С	Х	Л	Б	Щ	Ь
Д	У	Г	А	Ц	И	Л	І	Н	Д	Р	О	И	І
С	П	Б	Г	І	П	Е	Р	Б	О	Л	А	Щ	Н
Ф	Х	Р	Є	Р	Ц	Л	Б	І	Б	Щ	П	П	А
Е	Л	Ю	И	Ш	С	І	Т	К	Г	О	І	О	Л
Р	Ф	Я	С	З	Ф	П	К	І	Х	Ь	Р	Ш	І
А	Д	Б	Ч	Д	М	С	И	П	Б	Б	А	Є	Н
Н	К	У	Т	Щ	Ш	А	С	Я	Т	А	М	Я	І
П	Р	Я	М	О	К	У	Т	Н	И	К	І	Щ	Я
Л	И	Р	Ф	Н	Ч	К	О	Л	О	Т	Д	Щ	Ь
О	В	А	Л	Ь	Н	И	Й	І	Е	К	А	Ж	Ч
Б	А	Г	А	Т	О	К	У	Т	Н	И	К	І	К

ДУГА
ЦИЛІНДР
КОЛО
КОНУС
ПЛОЩА
КУБ
КРИВА
ЕЛІПС
СФЕРА
КУТ

ГІПЕРБОЛА
БІК
ЛІНІЯ
ОВАЛЬНИЙ
ПІРАМІДА
БАГАТОКУТНИК
ПРИЗМА
ПРЯМОКУТНИК
КРУГЛИЙ
ТРИКУТНИК

65 - Flores

```
Г  Х  И  Ш  Ш  Р  Т  Ю  Л  Ь  П  А  Н  У
Б  Н  А  Л  О  Є  О  Р  Х  І  Д  Е  Я  Б
Ф  Е  Ь  Д  Щ  И  Ж  М  Ш  Б  У  З  О  К
М  А  Г  Н  О  Л  І  Я  А  Х  Ю  К  У  Д
К  У  Л  Ь  Б  А  Б  А  Ю  Ш  Р  П  Ж  Т
С  Т  К  О  Н  Ю  Ш  И  Н  А  К  М  А  К
О  Р  Г  П  Е  Л  Ю  С  Т  К  А  А  С  А
Н  О  А  П  І  В  О  Н  І  Я  П  Т  М  Л
Я  Я  Р  Л  А  В  А  Н  Д  А  Е  Ш  И  Е
Ш  Н  Д  Ь  Ю  Щ  Г  Л  Б  Ю  Щ  О  Н  Н
Н  Д  Е  Ш  Г  Д  Щ  Я  І  У  Х  Т  О  Д
И  А  Н  Р  Р  О  Г  Д  Ґ  Л  К  И  Л  У
К  Г  І  Б  І  С  К  У  С  Т  І  Е  Ґ  Л
В  Ґ  Я  П  Л  Ю  М  Е  Р  І  Я  Я  Т  А
```

МАК	МАГНОЛІЯ
КАЛЕНДУЛА	РОМАШКА
КУЛЬБАБА	ОРХІДЕЯ
ГАРДЕНІЯ	ПІВОНІЯ
СОНЯШНИК	ПЕЛЮСТКА
ГІБІСКУС	ПЛЮМЕРІЯ
ЖАСМИН	БУКЕТ
ЛАВАНДА	ТРОЯНДА
БУЗОК	КОНЮШИНА
ЛІЛІЯ	ТЮЛЬПАН

66 - Astronomía

```
О Р А К Е Т А Г Т Ф Є С Т Г
Б А С Т Р О Н А В Т Є У А А
С У П У Т Н И К Ю П Ц З С Л
Е В С Е С В І Т Ф А К І Т А
Р Є Е Я Ф Х М Е Т Е О Р Р К
В Н А Д Н О В А Т Х С Я О Т
А С Т Е Р О Ї Д М Т М П Н И
Т Р А Д І А Ц І Я І О Щ О К
О У Е О У Д З Ф О Н С П М А
Р І В Н О Д Е Н Н Я Е Я У У
І Е Д Ь Щ С М Т Д Е Е Б Ц У
Я Ц Л К Т Е Л Е С К О П О Ь
Ц А К Я Д Ц Я П Л А Н Е Т А
З А Т Е М Н Е Н Н Я Ш Ґ Я Х
```

АСТЕРОЇД	МІСЯЦЬ
АСТРОНАВТ	МЕТЕОР
АСТРОНОМ	ОБСЕРВАТОРІЯ
НЕБО	ПЛАНЕТА
РАКЕТА	РАДІАЦІЯ
СУЗІР'Я	СУПУТНИК
КОСМОС	НАДНОВА
ЗАТЕМНЕННЯ	ТЕЛЕСКОП
РІВНОДЕННЯ	ЗЕМЛЯ
ГАЛАКТИКА	ВСЕСВІТ

67 - Tiempo

```
Х  Є  Р  И  М  Х  Т  И  Ж  Д  Е  Н  Ь  Є
Н  І  Ч  Т  Ф  Т  В  М  І  С  Я  Ц  Ь  З
Ж  Т  Д  Е  С  Я  Т  И  Л  І  Т  Т  Я  А
Г  О  Д  И  Н  Н  И  К  Л  Ш  В  М  И  Р
Ь  Ш  С  Ф  Я  Р  Д  Ш  А  И  И  Ц  Ш  А
В  Є  І  Ь  Д  Щ  О  Р  І  Ч  Н  И  Й  З
Ш  Ч  Г  П  О  Л  У  Д  Е  Н  Ь  А  Д  О
Х  Ж  О  И  Е  Г  Ч  Г  Г  О  Д  И  Н  А
П  Ю  Щ  Р  І  К  О  Ж  И  Ґ  М  Щ  Т  Ю
Д  Е  Н  Ь  А  О  Р  Д  В  В  О  Ю  Я  І
К  А  Л  Е  Н  Д  А  Р  Н  Т  М  Н  М  Н
М  А  Й  Б  У  Т  Н  Є  Р  І  Е  Є  Д  Ш
Ґ  С  Ю  Б  Р  П  О  Ф  Л  Д  Н  У  У  К
І  Л  И  Р  Ш  Ц  К  К  Ю  І  Т  К  П  К
```

ЗАРАЗ
ДО
ЩОРІЧНИЙ
РІК
ВЧОРА
КАЛЕНДАР
ДЕСЯТИЛІТТЯ
ДЕНЬ
МАЙБУТНЄ
ГОДИНА

СЬОГОДНІ
РАНОК
ПОЛУДЕНЬ
МІСЯЦЬ
ХВИЛИНА
МОМЕНТ
НІЧ
ГОДИННИК
ТИЖДЕНЬ

68 - Paisajes

```
В О Д О С П А Д Б Л Т Р А С
Т С Ь П Г Д М Ш Г Ж С О К Н
И Н Щ Б О Л О Т О А З И С Т
В Ю Щ Н А Ц Р О Г Є П Л Я Ж
Ш Г Я У У Й Е Ф С И Ж І Н Д
П Е Ч Е Р А С Г Ч Т Н С М Т
І Й Л Л І П Л Б О П Р Т Б У
В З Ь Е Ч У О З Е Р О І О Н
О Е О А К С К Х П Р А В В Д
С Р Д Ж А Т О Ш И Д Г У Ч Р
Т Т О У Е Е К Щ Д О Л И Н А
Р В В М М Л Л И М А Н И Л Н
І Ю И Ґ У Я В У Л К А Н Ж Ц
В В К Б Щ Щ Л Е Л А Г У Н А
```

ВОДОСПАД	МОРЕ
ПЕЧЕРА	ГОРА
ПУСТЕЛЯ	ОАЗИС
ЛИМАН	БОЛОТО
ГЕЙЗЕР	ПІВОСТРІВ
ЛЬОДОВИК	ПЛЯЖ
АЙСБЕРГ	РІЧКА
ОСТРІВ	ТУНДРА
ОЗЕРО	ДОЛИНА
ЛАГУНА	ВУЛКАН

69 - Días y Meses

В	Р	Ц	Л	Ю	Т	И	Й	Ц	І	Ґ	Ч	М	Є
Ґ	Р	І	Р	В	И	Н	Х	П	Ф	С	Е	І	В
В	В	П	К	Ф	Ж	Е	В	Т	К	Ш	Р	С	Ж
Я	Ґ	Я	А	Ю	Д	Д	С	В	Т	П	В	Я	О
Ґ	І	Т	Л	Ґ	Е	І	Е	І	Ж	О	Е	Ц	В
Н	В	Н	Е	Ґ	Н	Л	Р	Ц	Ч	Н	Н	Ь	Т
П	Х	И	Н	Ч	Ь	Я	П	К	Е	Е	Ь	І	Е
Ф	У	Ц	Д	Н	О	Ш	Е	В	Т	Д	Н	Ґ	Н
С	Д	Я	А	Б	У	Ж	Н	І	В	І	С	Ь	Ь
Х	С	Е	Р	Е	Д	А	Ь	Т	Е	Л	У	Е	И
Л	И	С	Т	О	П	А	Д	Е	Р	О	Б	Є	Д
В	Е	Р	Е	С	Е	Н	Ь	Н	Ґ	К	О	Р	Ц
В	І	В	Т	О	Р	О	К	Ь	К	М	Т	Ш	Д
П	Р	Ю	Л	И	П	Е	Н	Ь	В	Ю	А	Ч	У

КВІТЕНЬ	ПОНЕДІЛОК
СЕРПЕНЬ	ВІВТОРОК
РІК	МІСЯЦЬ
КАЛЕНДАР	СЕРЕДА
НЕДІЛЯ	ЛИСТОПАД
СІЧЕНЬ	ЖОВТЕНЬ
ЛЮТИЙ	СУБОТА
ЧЕТВЕР	ТИЖДЕНЬ
ЛИПЕНЬ	ВЕРЕСЕНЬ
ЧЕРВЕНЬ	П'ЯТНИЦЯ

70 - Chocolate

```
Ж  Я  І  И  Ц  М  С  О  С  Г  Є  Е  С  Ж
К  Г  О  І  У  В  М  У  О  М  Ч  Ж  О  Б
Б  А  Б  Ш  К  Р  А  Ф  Ь  В  А  Р  Л  Ц
У  Н  К  Ц  О  І  Ч  Г  Т  К  О  К  О  С
Л  Т  І  А  Р  И  Н  Б  І  Ч  Ш  Ж  Д  О
Ю  И  Н  І  О  Ь  И  Щ  Я  Р  Х  І  К  Ш
Б  О  Г  Д  Е  Щ  Й  Ц  Щ  Ж  К  П  И  К
Л  К  Р  Б  Г  П  П  Я  С  О  К  И  Й  А
Е  С  Е  Е  К  З  О  Т  И  Ч  Н  І  Й  Л
Н  И  Д  П  У  Н  Р  А  Р  О  М  А  Т  О
И  Д  І  Є  П  К  О  А  Р  А  Х  І  С  Р
Й  А  Є  В  Х  Д  Ш  Я  К  І  С  Т  Ь  І
Т  Н  Н  Щ  Ч  Д  О  Р  Е  Ц  Е  П  Т  Й
Ю  Т  Т  У  О  А  К  А  Р  А  М  Е  Л  Ь
```

ГІРКИЙ	СМАЧНИЙ
АНТИОКСИДАНТ	СОЛОДКИЙ
ЦУКОР	ЕКЗОТИЧНІ
АРАХІС	УЛЮБЛЕНИЙ
КАКАО	СМАК
ЯКІСТЬ	ІНГРЕДІЄНТ
КАЛОРІЙ	ПОРОШОК
КАРАМЕЛЬ	РЕЦЕПТ
КОКОС	АРОМАТ

71 - Barbacoas

```
Н  И  О  У  Ж  Х  Е  К  Я  Б  Г  Е  В  Ґ
М  К  Ґ  Б  І  С  Г  У  Ш  К  О  Д  Б  Ж
У  Ґ  Ь  И  Ч  А  Е  Р  Т  У  Л  І  Т  О
З  Ц  И  Б  У  Л  Я  К  И  Р  О  Т  Ю  П
И  І  К  И  Ц  А  І  А  І  Л  Д  И  Р  О
К  П  Ф  Ж  А  Т  Х  Б  Д  С  Ь  Т  Х  М
А  Е  Ш  У  І  И  С  І  Л  Ь  Е  Є  Е  І
Ф  Р  У  К  Т  Щ  Т  О  Б  І  Д  У  Р  Д
С  Е  О  Д  Ґ  Ф  І  П  У  О  Ь  Х  О  О
Е  Ц  В  И  І  Л  А  Г  Т  С  Є  Л  Д  Р
Т  Ь  О  Ф  Ч  У  Г  А  Р  Я  Ч  Е  И  И
В  Е  Ч  Е  Р  Я  К  Щ  Щ  И  К  Щ  Н  В
И  Ш  І  Ь  Х  У  М  К  Ф  Ч  Д  А  А  Д
А  Ж  У  Н  О  Ж  І  Ю  Ш  В  С  Ю  С  А
```

ОБІД	МУЗИКА
ГАРЯЧЕ	ДІТИ
ЦИБУЛЯ	ГРИЛЬ
ВЕЧЕРЯ	ПЕРЕЦЬ
НОЖІ	КУРКА
САЛАТИ	СІЛЬ
РОДИНА	СОУС
ФРУКТ	ПОМІДОРИ
ГОЛОД	ЛІТО
ІГРИ	ОВОЧІ

72 - Ropa

```
Ш П І Ж А М А М І Щ В О С В
Л Т К У Р Т К А Ж Х Я Д О З
Б П А С Б Р А С Л Е Т Т Р У
Ю П П Н П А Л Ь Т О И Ш О Т
Г П Е Л И І Х А Я Ш Е К Ч Т
Ф Р Л К Щ Ф Д Ш Т А О А К Я
К У Ю Н Щ А Ф Н В Р Ь Р А Р
Н К Х Є І Р Б І И Ф Б П Т Л
Л А П Л А Т Т Я Щ Ц І Е А М
Щ В М Б Л У З К А И Я Т Щ М
Я И О И Є Х С В Е Т Р К О К
У Ч Д Ь С А Н Д А Л І И П В
Р К А В Т Т Ч Ч О О О О Щ В
П И Ч І К Т О П О Я С Ґ С Х
```

ПАЛЬТО	РУКАВИЧКИ
БЛУЗКА	МОДА
ШАРФ	ШТАНИ
ШКАРПЕТКИ	ПІЖАМА
СОРОЧКА	БРАСЛЕТ
КУРТКА	САНДАЛІ
ПОЯС	КАПЕЛЮХ
НАМИСТО	СВЕТР
ФАРТУХ	ПЛАТТЯ
СПІДНИЦЯ	ВЗУТТЯ

73 - Meditación

С	Ц	О	Ґ	Ґ	С	Я	П	П	Ч	Е	Л	Д	А
П	Н	О	І	Ж	Х	П	Е	М	О	Ц	І	Ї	Ь
О	Е	Л	Д	О	Б	Р	О	Т	А	Д	Т	Р	С
С	П	К	Г	Р	С	П	Ю	К	Р	О	Я	Н	У
Т	П	Р	Р	У	Х	Х	Н	С	І	Р	И	К	В
Е	П	О	С	Т	А	В	А	П	Р	Й	К	И	А
Р	Д	И	Х	А	Н	Н	Я	І	Ж	Ґ	Н	Е	Г
Е	У	Р	О	З	У	М	О	В	И	Й	Д	И	А
Ж	М	Х	О	Щ	Ґ	Ж	Ь	Ч	Ц	Б	Д	К	Й
Е	К	Є	К	З	С	У	М	У	З	И	К	А	Б
Н	И	М	И	Р	У	В	Ь	Т	Р	Б	В	П	К
Н	Ф	Н	С	Ш	П	М	О	Т	Х	Х	Ш	И	Т
Я	С	Н	І	С	Т	Ь	Я	Я	Т	И	Ц	С	А
Б	П	Р	И	Р	О	Д	А	Т	И	Ш	А	Щ	Д

УВАГА
ДОБРОТА
СПОКІЙНИЙ
ЯСНІСТЬ
СПІВЧУТТЯ
ЕМОЦІЇ
ПОДЯКА
РОЗУМОВИЙ
РОЗУМ

РУХ
МУЗИКА
ПРИРОДА
СПОСТЕРЕЖЕННЯ
МИР
ДУМКИ
ПОСТАВА
ДИХАННЯ
ТИША

74 - Comedia

```
Т  Е  А  Т  Р  Ш  Б  У  Ю  В  А  І  В  Т
Ж  А  Н  Р  К  М  Р  У  Щ  И  У  М  Е  Е
Ґ  К  Е  О  Ґ  С  Е  Ь  Я  Р  Д  П  С  Л
Ж  Т  Щ  З  П  Ц  Я  Ц  Я  А  И  Р  Е  Е
М  О  Б  У  Е  А  С  Л  Ц  З  Т  О  Л  Б
Ґ  Р  Л  М  Е  К  Р  Є  Ь  Н  О  В  О  А
Ц  Т  Ж  Н  К  Л  Є  О  Х  И  Р  І  Щ  Ч
А  Ф  Ш  И  Г  О  У  С  Д  Й  І  З  І  Е
Ч  Щ  Е  Й  В  У  П  Х  И  І  Я  А  Ч  Н
Ж  У  И  Ф  О  Н  Т  Л  Л  Г  Я  Ц  І  Н
С  А  К  Т  Р  И  С  А  Е  Є  Ю  І  Ч  Я
Ш  П  Р  Х  Г  У  М  О  Р  С  У  Я  І  К
Ч  Ґ  Л  Т  Д  К  І  Ч  Ш  О  К  П  Ц  К
Ч  Ж  Ь  И  И  А  Х  Н  Б  У  В  И  В  Ь
```

АКТОР	ГУМОР
АКТРИСА	ІМПРОВІЗАЦІЯ
ОПЛЕСКИ	РОЗУМНИЙ
АУДИТОРІЯ	ПАРОДІЯ
ЖАРТИ	КЛОУНИ
ВЕСЕЛОЩІ	СМІХ
ВИРАЗНИЙ	ТЕАТР
ЖАНР	ТЕЛЕБАЧЕННЯ

75 - Libros

```
Л В О П О В І Д А Ч С П Г К
А І С Т О Р И Ч Н И Й О У О
С Р Т С М Д Т И И Ю Ц Д М Л
Ф Ш О Е П Ч Ж Т Н Н Т В О Е
П Щ Р Р Р Р Д А З А Р І Р К
О Х І І И А Т Ч А П А Й И Ц
Е Ф Н Я Г А Т Н Н И Г Н С І
З Н К Т О В П У У С І І Т Я
І О А Ь Д Т Т Є Р А Ч С И С
Я Я Т Б А О Ч Х Е Н Н Т Ч Ц
Р О М А Н Р Ґ Ф Н А И Ь Н Г
В І Д П О В І Д Н І Й Й И Ф
І С Т О Р І Я Т Я Ю В Ч Й Л
Ж К О Н Т Е К С Т Б П И А Н
```

АВТОР	ЧИТАЧ
ПРИГОДА	ЛІТЕРАТУРНИЙ
КОЛЕКЦІЯ	ОПОВІДАЧ
КОНТЕКСТ	РОМАН
ПОДВІЙНІСТЬ	СТОРІНКА
НАПИСАНА	ВІДПОВІДНІ
ІСТОРІЯ	ВІРШ
ІСТОРИЧНИЙ	ПОЕЗІЯ
ГУМОРИСТИЧНИЙ	СЕРІЯ
ЗАНУРЕННЯ	ТРАГІЧНИЙ

76 - Nutrición

```
З  Х  К  П  О  Ж  И  В  Н  И  Й  Р  Ї  Ю
Б  У  А  М  Н  В  І  Т  А  М  І  Н  С  Н
А  Ф  Л  Ь  Д  У  Х  Є  Ю  Ш  Щ  Х  Т  Я
Л  Р  О  У  Ж  Г  М  М  А  К  І  Щ  І  Ц
А  З  Р  Б  І  Л  К  И  Т  С  Я  Б  В  Р
Н  Д  І  З  Ш  Е  Б  Р  О  Д  І  Н  Н  Я
С  О  Й  В  Д  В  Г  І  Р  К  И  Й  И  К
О  Р  В  И  Ю  О  А  П  Е  Т  И  Т  Й  І
В  О  В  Ч  Р  Д  Р  С  Д  І  Є  Т  А  С
А  В  Я  К  Ф  І  О  О  Ч  Ш  Л  Щ  Ш  Т
Н  И  П  И  Ь  В  М  У  В  А  Г  А  П  Ь
И  Й  Л  Т  Б  Ґ  А  С  Щ  Я  О  Ю  Б  Ц
Й  Ґ  А  Ш  П  В  Т  О  К  С  И  Н  Щ  Б
Т  Р  А  В  Л  Е  Н  Н  Я  Я  Г  Г  С  Л
```

ГІРКИЙ	ЗВИЧКИ
АПЕТИТ	ПОЖИВНИЙ
ЯКІСТЬ	ВАГА
КАЛОРІЙ	БІЛКИ
ВУГЛЕВОДІВ	АРОМАТ
ЇСТІВНИЙ	СОУС
ДІЄТА	ЗДОРОВ'Я
ТРАВЛЕННЯ	ЗДОРОВИЙ
ЗБАЛАНСОВАНИЙ	ТОКСИН
БРОДІННЯ	ВІТАМІН

77 - Edificios

```
Ф А Б Р И К А Я Т З С В П Е
Ч У Ж С Ж П В М Ф Ґ А Р А Ж
Ш Л Б Л С Ж Е И Ш Ґ Е М Г Х
Ь А Ф Т І Ґ Ж Ч К Ж Х О О Ц
О Б С Е Р В А Т О Р І Я Т К
М О Т А Р Л Р Л Л О М Р Е Е
У Р А Т Ч М І Х А О У Х Л С
З А Д Р И К А К С М Е Ц Ь А
Е Т І Ю Ч Ж Ф С А Л Ю Ю Г Р
Й О О І Б Г Ц К Щ Р Х К Ш А
Р Р Н Т У Г С І К К Н М Т Й
Х І Л Ф И Є Ш Н Ш К Ь Я І Ю
Ю Я С Г У Р Т О Ж И Т О К Ґ
П О С О Л Ь С Т В О Ж О І Т
```

ГУРТОЖИТОК	ФЕРМА
ЗАМОК	ЛІКАРНЯ
КІНО	ГОТЕЛЬ
ПОСОЛЬСТВО	ЛАБОРАТОРІЯ
ШКОЛА	МУЗЕЙ
СТАДІОН	ОБСЕРВАТОРІЯ
ФАБРИКА	ТЕАТР
ГАРАЖ	ВЕЖА
САРАЙ	

78 - Océano

```
І К Б У Ю Ю О С Б Н С Щ Д Т
Р О Ґ С Ч О В Е Н У И Ш Е У
І Р А Т Ґ И Л Р Ю Е Р Л Л Н
С А П Р И П Л И В И В Я Ь Е
Ж Л В И Б Б Е М А Т О Є Ф Ц
Ж О О Ц Г У Б К А Ж Д Н І Ь
А В С Я Ь М М Р И Т О Л Н Ю
Р И Ь Б Х Ж Є Е Ь Т Р Д Я Т
И Й М К Ф Д Н В У Г О Р Ю Ш
Ф Ц И Р Щ П Ж Е Н Д С І Л Ь
Ж Ч Н А И Ю У Т Ц Л Т В А И
Е О І Б Н Б Х К Е Д Е Ю Т М
Ґ Г Г Б С Л А И У Т Й Ю Л С
М Е Д У З А К У Л А Ш И Ф А
```

ВОДОРОСТЕЙ	ГУБКА
ВУГОР	ПРИПЛИВИ
РИФ	МЕДУЗА
ТУНЕЦЬ	УСТРИЦЯ
КИТ	РИБА
ЧОВЕН	ВОСЬМИНІГ
КРЕВЕТКИ	СІЛЬ
КРАБ	АКУЛА
КОРАЛОВИЙ	БУРЯ
ДЕЛЬФІН	

79 - Ciudad

І	Я	Ф	Ь	Ю	П	Ф	Р	Ь	Б	Е	Г	П	З
Б	Ю	К	С	Ю	Т	Л	Е	Щ	І	А	А	Б	О
Б	І	И	Г	П	Е	О	К	Є	Б	П	Л	М	О
Х	Ш	К	О	Л	А	Р	Л	Л	Л	Т	Е	А	П
Р	И	Н	О	К	Т	И	І	Я	І	Е	Р	Г	А
Ч	О	С	А	Ь	Р	С	Н	Ж	О	К	Е	А	Р
Г	О	Т	Е	Л	Ь	Т	І	С	Т	А	Я	З	К
Н	Н	А	Р	О	Е	Я	К	О	Е	К	Т	И	Д
Ґ	К	Д	О	М	М	Б	А	Н	К	П	І	Н	И
Ф	Ь	І	П	Я	У	С	Ш	Д	А	У	Ж	Н	М
Ж	О	О	О	Ш	Х	З	Е	О	Е	О	И	Н	О
А	М	Н	Р	И	Л	П	Е	К	А	Р	Н	Я	О
Р	Е	С	Т	О	Р	А	Н	Й	Р	С	Е	Е	И
С	У	П	Е	Р	М	А	Р	К	Е	Т	І	Т	Я

АЕРОПОРТ	ГОТЕЛЬ
БАНК	РИНОК
БІБЛІОТЕКА	МУЗЕЙ
КІНО	ПЕКАРНЯ
КЛІНІКА	РЕСТОРАН
ШКОЛА	СУПЕРМАРКЕТ
СТАДІОН	ТЕАТР
АПТЕКА	МАГАЗИН
ФЛОРИСТ	ЗООПАРК
ГАЛЕРЕЯ	

80 - Campeonato

```
В И Т Р И В А Л І С Т Ь Р Ч
М О Т И В А Ц І Я Г К Д Е Е
А П Е Р Е М О Г А Ь Р Ш Н М
Л Д Ц У С П І Т Ю Ф І И О П
І О С У Д Д Я Я Я Ф О Ь К І
Г Н П Т К О М А Н Д А Я В О
А П О У Р Я С И Я Щ Х Ш И Н
К Ч Р Р Ю А К Р П Ч А Р К А
Т И Т Н А О Т М С Т П М О Т
Н Р Х І Ґ Ґ Ч Е М П І О Н Щ
В К Е Р Д Х Т Д Г Я І Р А О
Щ Б Ж Н Ф І Н А Л І С Т Н И
Р Ґ Е Е Е Ь У Л К Е Я Ь Н О
Ф И Х Ь Ш Р Х Ь М С Щ Х Я Ю
```

ЧЕМПІОНАТ	ЛІГА
ЧЕМПІОН	МЕДАЛЬ
СПОРТ	МОТИВАЦІЯ
ТРЕНЕР	ВИКОНАННЯ
КОМАНДА	ВИТРИВАЛІСТЬ
СТРАТЕГІЯ	ТУРНІР
ФІНАЛІСТ	ПІТ
ІГРИ	ПЕРЕМОГА
СУДДЯ	

81 - Actividades y Ocio

```
Б  Е  Й  С  Б  О  Л  Ж  В  Ш  Г  Г  Н  Р
А  Х  Р  К  Е  М  П  І  Н  Г  О  О  Ґ  Ґ
С  Б  О  К  С  Р  О  Я  Д  У  Л  Н  О  Р
К  П  З  С  М  Т  Д  Ґ  Л  Ч  Ь  Ц  Ю  И
Е  Л  С  А  И  Ш  О  Ш  Є  Ф  Ф  О  С  Б
Т  А  Л  Д  С  М  Р  Л  Ь  Х  О  Б  І  О
Б  В  А  І  Т  В  О  Л  Е  Й  Б  О  Л  Л
О  А  Б  В  Е  Н  Ж  Ш  Н  Т  Р  Е  Ч  О
Л  Н  Л  Н  Ц  Ф  У  Т  Б  О  Л  Ь  Л  В
Ґ  Н  Ю  И  Т  Л  В  Т  Е  Н  І  С  Ф  Л
Є  Я  Ю  Ц  В  Ю  А  І  Л  Ь  Х  И  К  Я
И  Щ  Ч  Т  О  О  Т  С  Е  Р  Ф  І  Н  Г
Л  Ь  И  В  Ґ  Д  И  Ц  П  Х  О  К  Ж  Х
К  Г  Й  О  П  І  Р  Н  А  Н  Н  Я  Ч  Р
```

ХОБІ
МИСТЕЦТВО
БАСКЕТБОЛ
БЕЙСБОЛ
БОКС
ПІРНАННЯ
КЕМПІНГ
ФУТБОЛ
ГОЛЬФ

САДІВНИЦТВО
ПЛАВАННЯ
РИБОЛОВЛЯ
РОЗСЛАБЛЮЮЧИЙ
СЕРФІНГ
ТЕНІС
ПОДОРОЖУВАТИ
ВОЛЕЙБОЛ

82 - Comida #1

```
Е К Ю У Д М Л У Р Я Т А Ш Я
Ь С Ц Ж Я Ь П И С І Л Ь Щ Ч
Т Е Б І Е Е О К М Т П Ч Є Р
И В Т Ц М О Л М Я О Щ А Г Г
В А С И Л Ь У Я Т К Н С І К
Ч Т Ц Т О Г Н С А О Ц Н Ш Є
Ґ Р О У І І И О Ц Р І И П Т
У У Д Ш К У Ц П У И Я К И У
Г Р У Ш А О Я А Ь Ц Ф Є Н Н
М О Р К В А Р І Ч Я В Ж А Е
Є Щ Ш Ю Л И С А Л А Т Ґ Т Ц
Ш Ь Ц Г Е Ч У М О Л О К О Ь
О Ж Г І О Ц П Я Ч М І Н Ь Ф
Е Ц И Б У Л Я Є С Д У У Ю Л
```

ЧАСНИК	ПОЛУНИЦЯ
ВАСИЛЬ	СІК
ТУНЕЦЬ	МОЛОКО
ЦУКОР	ЛИМОН
КОРИЦЯ	М'ЯТА
М'ЯСО	РІПА
ЯЧМІНЬ	ГРУША
ЦИБУЛЯ	СІЛЬ
САЛАТ	СУП
ШПИНАТ	МОРКВА

83 - Virtudes #1

```
Х  В  И  Р  І  Ш  А  Л  Ь  Н  И  Й  Р  Ч
С  У  П  Р  А  К  Т  И  Ч  Н  И  Й  Г  П
Щ  Е  Д  Р  И  Й  Р  У  Ф  Ґ  П  Ш  Б  В
Н  В  Ґ  О  І  А  Ш  М  У  Д  Р  И  Й  И
Ч  Є  Ь  И  Ж  М  Ч  И  С  Т  И  Й  Е  Х
А  І  Л  Ч  Ґ  Н  Ц  Ш  К  П  С  К  Ф  О
Р  Є  Б  Ж  Ш  Ф  І  Є  Р  А  Т  О  Е  Р
І  О  Л  Ь  И  Ц  К  Й  О  Ц  Р  Р  К  О
В  Б  З  Ш  Я  О  А  Я  М  І  А  И  Т  Ш
Н  Е  Ф  У  Щ  Г  В  Є  Н  Є  С  С  И  И
И  Ь  А  Е  М  М  И  Ґ  И  Н  Н  Н  В  Й
Й  В  Ж  Є  А  Н  Й  Н  Й  Т  И  И  Н  К
Б  Р  Д  Ж  Г  Ч  И  Є  Ж  Т  Й  Й  И  Ц
Ч  Ц  Щ  Н  А  Д  І  Й  Н  І  Я  Ж  Й  Х
```

ПРИСТРАСНИЙ	ЩЕДРИЙ
ХУДОЖНІЙ	РОЗУМНИЙ
ХОРОШИЙ	ЧИСТИЙ
ЦІКАВИЙ	СКРОМНИЙ
ВИРІШАЛЬНИЙ	ПАЦІЄНТ
ЕФЕКТИВНИЙ	ПРАКТИЧНИЙ
ЧАРІВНИЙ	МУДРИЙ
НАДІЙНІ	КОРИСНИЙ

84 - Literatura

```
В Б І О Г Р А Ф І Я К Щ В М
П О Е Т И Ч Н И Й Ж Р Ь И Е
У О І О Ц А Н Е К Д О Т С Т
В І Р Ш П Ж А Ч Р Ж П Е Н А
И Щ Ч І Ф И Г Р О С О М О Ф
Г О М П В Т С И М Є В А В О
А В Т О Р Н І Т А Ф І Н О Р
Д Є Ц А Д Щ Я М Н Б Д А К А
К О О Д Д К М Н І Ф А Л А Е
А Н А Л І З Є Ш Н Р Ч О Д Х
И С Р И М А П Д Б Я Я Г В Щ
К У Г С Т И Л Ь П Ж Я І Ц В
С І Б К Х Н Ж О В А Ю Я В У
Т Р А Г Е Д І Я Г К Г У Ф Є
```

АНАЛОГІЯ	ВИГАДКА
АНАЛІЗ	МЕТАФОРА
АНЕКДОТ	ОПОВІДАЧ
АВТОР	РОМАН
БІОГРАФІЯ	ВІРШ
ПОРІВНЯННЯ	ПОЕТИЧНИЙ
ВИСНОВОК	РИМА
ОПИС	РИТМ
ДІАЛОГ	ТЕМА
СТИЛЬ	ТРАГЕДІЯ

85 - Baño

```
М  Л  Д  К  О  Г  Я  М  А  І  Ц  Я  Н  Ц
І  Р  У  Ж  Д  Н  Ж  И  Е  Л  К  Ф  О  Є
Б  У  Л  Ь  Б  А  Ш  К  И  В  П  Ю  Ж  Ц
О  У  Ь  А  Ш  Г  У  Б  К  А  Ф  И  И  М
К  Є  Ф  И  В  А  Н  Н  А  Л  П  Х  Ц  Х
В  И  К  Г  В  В  М  С  Д  Д  Є  Х  І  Г
О  П  Л  Д  У  Ш  И  П  А  Р  Ф  У  М  И
Д  А  Ш  И  Д  Ґ  Л  Т  У  А  Л  Е  Т  Ю
А  Р  А  У  М  Ю  О  Ш  О  Н  Щ  Р  Ф  Щ
Д  Т  Ж  П  Ґ  О  Т  Л  О  С  Ь  Й  О  Н
Р  У  Ш  Н  И  К  К  К  Р  А  Н  В  Ю  Ь
Д  З  Е  Р  К  А  Л  О  Р  Т  Д  М  К  Ґ
Н  Ю  А  У  Х  У  Ф  Ю  И  О  Г  І  Ф  Р
Ф  Ж  Г  А  А  О  П  М  В  І  В  С  Ш  И
```

ВОДА	ГУБКА
КИЛИМОК	КРАН
ТУАЛЕТ	МИЛО
ВАННА	ЛОСЬЙОН
БУЛЬБАШКИ	ПАРФУМИ
ШАМПУНЬ	НОЖИЦІ
ДУШ	РУШНИК
ДЗЕРКАЛО	ПАР

86 - Clima

```
Т  Е  М  П  Е  Р  А  Т  У  Р  А  Г  А  О
У  Х  У  Н  Ю  Ч  Н  Б  К  Щ  Т  Р  Т  Ш
М  В  С  Ґ  Ч  Б  Р  И  З  Я  Р  И  М  Х
А  О  О  Є  М  Л  В  К  К  У  О  М  О  Т
Н  И  Н  Р  Ґ  И  І  Л  Є  Р  П  Ф  С  О
И  Н  Є  Р  П  С  Т  І  Ю  А  І  П  Ф  Р
Ж  Л  І  Д  М  К  Е  М  И  Г  Ч  К  Е  Н
С  Я  Б  Х  М  А  Р  А  Ь  А  Н  И  Р  А
У  И  Ц  У  П  В  Л  Т  П  Н  И  Ф  А  Д
Х  А  Л  Н  Р  К  Ю  Ґ  Р  О  Й  Ґ  В  О
І  Н  У  Р  Е  А  М  Щ  В  Є  В  П  Н  В
Т  Ь  Є  С  Е  Б  Ю  О  К  Ч  Ю  І  А  П
Ф  Ф  Ь  М  С  П  О  С  У  Х  А  Р  Н  В
П  О  Л  Я  Р  Н  И  Й  Ф  С  А  Р  У  Ь
```

АТМОСФЕРА	ПОЛЯРНИЙ
БРИЗ	БЛИСКАВКА
НЕБО	СУХІ
КЛІМАТ	ПОСУХА
ЛІД	ТЕМПЕРАТУРА
УРАГАН	БУР
ПОВІНЬ	ТОРНАДО
МУСОН	ТРОПІЧНИЙ
ТУМАН	ГРИМ
ХМАРА	ВІТЕР

87 - Comida #2

```
К А Р Т И Ш О К Х Ш Й В Ш Ф
Л У В Р В С Ь І Л О О И Р Ц
Н Г Р И С И Л В І К Г Н Я Г
О Т Б К І И Ш І Б О У О Є К
Х К Щ Р А И С Н Р Л Р Г Я Т
С Е Л Е Р А И Л Я А Т Р Ю Ю
Щ Б И П І П Р У Ю Д Т А П Ф
Я Й Ц Е Ш Р М П О М І Д О Р
В У Р Д Ш Е Б А К Л А Ж А Н
Х Е Я Ж Р Г Н Б А Н А Н Х Ц
М И Г Д А Л Ь И І М Б И Р Н
Я Б Л У К О Н Ж Ц Ф Я С Г Р
Ш Н А Ж Б Х С О Н Я Ш Н И К
Х Е Е Ц А П Є К Ю Я Г П Г Ф
```

АРТИШОК	КІВІ
МИГДАЛЬ	ЯБЛУКО
СЕЛЕРА	ХЛІБ
РИС	БАНАН
БАКЛАЖАН	КУРКА
ВИШНЯ	СИР
ШОКОЛАД	ПОМІДОР
СОНЯШНИК	ПШЕНИЦЯ
ЯЙЦЕ	ВИНОГРАД
ІМБИР	ЙОГУРТ

88 - Castillos

```
Б Л А Г О Р О Д Н И Й С Д П
Д Ф Е О Д А Л Е Ч Ч Е Я А А
И О К О Р О Л І В С Т В О Л
Н Р Л Є Д И Н О Р І Г В Ь А
А Т И А О К Ь Ь Є Я Ц А Р Ц
С Е Ц Л Ч Т Ф Ш І Ф Е Є Ь Е
Т Ц А Т К А Т А П У Л Ь Т А
І Я Р Щ І О Д М Ж К Є Ю Я Ь
Я П Р И Н Ц Р Р С Т І Н А С
Ґ К Р Т Ь С Ь О А К Б У Т Ь
В Р Ц Г В М Ґ Х Н К Р П Ю И
Л Ф І М П Е Р І Я А О Ц Ю И
Ц Ч С К Г Ч Ж Т Н Н Н Д М
П Р И Н Ц Е С А Т А Я Х П І
```

БРОНЯ	ФОРТЕЦЯ
ЛИЦАР	ІМПЕРІЯ
КІНЬ	БЛАГОРОДНИЙ
КАТАПУЛЬТА	ПАЛАЦ
КОРОНА	СТІНА
ДИНАСТІЯ	ПРИНЦЕСА
ДРАКОН	ПРИНЦ
ЩИТ	КОРОЛІВСТВО
МЕЧ	ВЕЖА
ФЕОДАЛ	ЄДИНОРІГ

89 - Arte

```
П С К Л А Д Н И Й Х Р Н Б О
Р К О С О Б И С Т И Й Е Н Л
Е А Ю К К Я П М Є Щ Б С А Щ
Д Р Л Л Т У Ш Д Г О Є Щ С Ч
М Т П А Х Щ Л Р Є Е Ф Ь Т Ц
Е И З Д Л Н И Ь Л Ж Я Р Щ
Т Н Ґ А Ж А Ф Х П О Е З І Я
Ч И Т Ю П П Р О С Т И Й Й Ж
Е Е С Е Ю А Ш Т Ц И У С Ф С
С Ю Р Р Е А Л І З М М Р Р Н
Н К Ь Я И Ю Р Е Р Д П В А Ґ
И Л Ч О Р И Г І Н А Л Є О А
Й Т В О Р И Т И В И Р А З Л
К Е Р А М І Ч Н І В Й Д А Д
```

КЕРАМІЧНІ	ОРИГІНАЛ
СКЛАДНИЙ	ОСОБИСТИЙ
СКЛАД	КАРТИНИ
ТВОРИТИ	ПОЕЗІЯ
СКУЛЬПТУРА	ПРОСТИЙ
ВИРАЗ	СИМВОЛ
ЧЕСНИЙ	СЮРРЕАЛІЗМ
НАСТРІЙ	ПРЕДМЕТ
ЗАПАЛЕНИЙ	

90 - Herboristería

```
К У Л І Н А Р Н І Є Д О Л А
М О Ь Е Н Р О С Л И Н А А Р
У М Т О Т Г Н Н У Р Н Р В О
Ш А Ф Р А Н Р Ф А Б В О А М
З Е Л Е Н И Й Е М В А М Н А
Р О З М А Р И Н Д Я Є А Д Т
Ш М Е Ф О Д Ж Х Ч І Т Т А И
В А П Т Ф Ж Ж Е С А Є А В Ч
А Й О Є Е Г Ю Л Ч Г С Н Н Н
С О Я К І С Т Ь П Д С Н Т И
И Р У Р К В І Т К А А Л И Й
Л А Ч І Я И Б Н Н Т Д Г Я К
Ь Н Щ П Е С Т Р А Г О Н Д Ч
П Е Т Р У Ш К А И Е Х Ґ Ґ Ч
```

ЧАСНИК	ІНГРЕДІЄНТ
ВАСИЛЬ	САД
АРОМАТИЧНИЙ	ЛАВАНДА
ШАФРАН	МАЙОРАН
ЯКІСТЬ	М'ЯТА
КУЛІНАРНІ	ПЕТРУШКА
КРІП	РОСЛИНА
ЕСТРАГОН	РОЗМАРИН
КВІТКА	АРОМАТ
ФЕНХЕЛЬ	ЗЕЛЕНИЙ

91 - Verano

```
І  М  Щ  С  Ї  П  Л  А  В  А  Т  И  І  В
П  Г  Т  А  Ж  Щ  Л  М  М  Ь  Н  Ф  У  І
Д  Є  Р  Д  А  Р  К  Я  Н  Р  Ф  А  К  Д
М  У  З  И  К  А  Щ  Р  Ж  Д  І  М  Р  П
О  У  І  В  Х  Д  О  З  В  І  Л  Л  Я  У
Р  Л  Р  Ц  П  І  Р  Н  А  Н  Н  Я  П  С
Е  І  К  П  К  С  П  О  Г  А  Д  И  И  Т
Б  І  И  Я  С  Т  К  Н  И  Г  И  Ґ  Ь  К
Б  Л  Ф  І  А  Ь  Д  А  Х  Г  М  Т  С  А
Р  О  Д  И  Н  А  Б  Л  Ж  Д  Ж  Ф  Щ  Ж
А  Е  У  Г  Д  Х  Х  Ґ  Я  Ф  Р  Ц  Ь  Г
Х  Н  С  К  А  Н  П  Ц  Є  Р  Щ  У  Ж  Т
Р  О  З  С  Л  А  Б  Л  Е  Н  Н  Я  З  А
Х  К  Ф  Щ  І  Ц  Г  Ф  В  Н  Б  В  Г  І
```

РАДІСТЬ	МОРЕ
ДРУЗІ	МУЗИКА
ПІРНАННЯ	ПЛАВАТИ
ЇЖА	ДОЗВІЛЛЯ
ЗІРКИ	ПЛЯЖ
РОДИНА	СПОГАДИ
ДІМ	РОЗСЛАБЛЕННЯ
САД	САНДАЛІ
ІГРИ	ВІДПУСТКА
КНИГИ	

92 - Insectos

```
Ж У К Ш Б А Б К А К Г Ю Ю М
П О П Е Л И Ц Я О А У В Т Н
С Р Б Ь О С А Р А Н А Ц Ж Д
Р О Ґ Х Х І Ж У Д А И И И Т
К Б Н Б А Х Ґ С Т Є С К Л Е
К Л Р Е Ь Я Р Р Т Ь Б А И Р
Т Ф Х Ю Ч Х І О Ю Ю Д Д Ч М
Ч Ч Ь Е Ґ К Т Є Б Т С А И І
А Ф Є Ю Г Д О Т Д А С Е Н Т
М У Р А Х А Д Г Ж Р К Ж К П
Б О Г О М О Л И О Г О С А О
Ш Е Р Ш Е Н Ь Є Л А М К Р Т
М Е Т Е Л И К В А Н А Ф Г Ц
Ч Т С Г Л І Щ Ь Н С Р Ж Ґ А
```

БДЖОЛА	ЛИЧИНКА
ОСА	БАБКА
ШЕРШЕНЬ	БОГОМОЛ
ПОПЕЛИЦЯ	МЕТЕЛИК
ЦИКАДА	СОНЕЧКО
ТАРГАН	КОМАР
ЖУК	БЛОХА
ХРОБАК	КОНИК
МУРАХА	ТЕРМІТ
САРАНА	

93 - Especias

```
К П С Б О Р О С І Л Ь Ц С Я
Л О Е И М А Р О М А Т И К Н
О І Р Р Є Я О Л Н Б Б Б А К
К У Д И Е В В О Я І Р У Р А
В Т Ц Ф Ц Ц Д Д Ю К Х Л Д П
А Ц Х Р Х Я Ь К М И Н Я А А
Н А Ґ А Н І С И У С Ш Ж М П
І Г І Р К И Й Й Г Л Х Ч О Р
Л М В Ґ Г В О З Д И К А Н И
І Ф Б У Щ А Х Х У Й А С И К
Щ Ч И И С О Л О Д К А Н Н А
О Ш А Ф Р А Н О К Ч Г И Б Е
І Ф Е Н Х Е Л Ь И Ф У К Ю Я
Е К А Р Р І Б І Л Т Ч Г І Ш
```

КИСЛИЙ	КАРРІ
ЧАСНИК	СОЛОДКИЙ
ГІРКИЙ	ФЕНХЕЛЬ
АНІС	ІМБИР
ШАФРАН	ПАПРИКА
КОРИЦЯ	ПЕРЕЦЬ
КАРДАМОН	СОЛОДКА
ЦИБУЛЯ	АРОМАТ
ГВОЗДИКА	СІЛЬ
КМИН	ВАНІЛІ

94 - Emociones

```
У  С  Т  Р  А  Х  Г  И  К  Є  М  Н  Ф  С
Р  П  П  В  Д  Я  Ч  Н  И  Й  В  І  С  Ю
З  А  Д  О  В  О  Л  Е  Н  И  Й  Ж  П  Р
С  Ю  Б  О  К  Х  Ш  Ґ  П  Д  Р  Н  О  П
М  Н  Р  Л  Т  І  А  Г  Ж  О  А  І  К  Р
Г  И  Ш  Ж  А  Ґ  Й  Ж  П  Б  Д  С  І  И
А  Д  Р  М  Щ  Ж  В  Ф  Е  Р  І  Т  Й  З
Н  У  Д  Ь  Г  А  Е  Ж  Т  О  С  Ь  Н  М
Д  М  Ч  Т  Н  Ж  С  Н  Т  Т  Т  Ж  И  І
Ф  В  Ж  Х  І  С  М  Р  С  А  Ь  Л  Й  С
Г  Б  Ґ  Р  В  Е  У  И  Л  Т  Б  Ю  І  Т
С  П  І  В  Ч  У  Т  Т  Я  М  В  Б  Ж  І
Ж  О  Ж  Ф  Ґ  Я  О  П  Л  Ь  Н  О  Л  Р
Т  Ц  О  И  Є  Т  К  Я  І  Ь  І  В  Б  Ю
```

НУДЬГА	СТРАХ
ВДЯЧНИЙ	МИР
РАДІСТЬ	ЗАДОВОЛЕНИЙ
ЛЮБОВ	СПІВЧУТТЯ
БЛАЖЕНСТВО	СЮРПРИЗ
ДОБРОТА	НІЖНІСТЬ
СПОКІЙНИЙ	СПОКІЙ
ЗМІСТ	СМУТОК
ГНІВ	

95 - Mediciones

```
Х Р И Д Б Ф Т В Д Л Б Ь С Ч
В Н М О Ю А У Н Ц І Я Д Т Ф
И Ь К В Щ Й Й М Е Т Р Щ У Ґ
Л Ю І Ж А Н М Т Д Р Х Ц П У
И Г Л И Б И Н А Е М Ж Д І И
Н Т О Н Н А О Б С Я Г Д Н Е
А С Г А Ь Ц Є Ц Я А Д Ю Ь Ж
Я Ф Р Ш Ч С А Н Т И М Е Т Р
О Г А Л Н Г Л Ж К О И П И Ь
О Р М Є Ч К І Л О М Е Т Р Г
П О Ш И Р И Н А В И С О Т А
В А Г А Г Р А М И А Б Ч Б І
Х Я К Ь С І Є Ґ Й Ч М С Я Б
Н А Ж В П Ю Х Б П К І Я Є Р
```

ВИСОТА	ДОВЖИНА
ШИРИНА	МАСА
БАЙТ	МЕТР
САНТИМЕТР	ХВИЛИНА
ДЕСЯТКОВИЙ	УНЦІЯ
СТУПІНЬ	ВАГА
ГРАМ	ГЛИБИНА
КІЛОГРАМ	ДЮЙМ
КІЛОМЕТР	ТОННА
ЛІТР	ОБСЯГ

96 - Barcos

```
В О Ґ У Н А П О Р О М Р М Н
К Є З Є Ч Ж Р Я Б Л Т І О Ч
Ж Ю Ґ Е О Д И Ґ К Х Н Ч Р Ш
И Х І П Р М П Ь Р І Ц К С Ф
І Р Я Л М О Л Д Я Е Р А Ь Ґ
Я М Л І Ґ Р И Щ О Г Л А К Л
Ц О Р Т Ю С В П Ш Б Ц Р І Б
Л Р И Д Ч Ь Ф М Е К І П А Ж
І Е В О Ь К А Н О Е Ь А П І
Х Л Д Ж Ч И Ф Р Ґ Р Ц Є Б Ґ
К А Я К Ю Й Ш С Ф А Я П У И
Д В И Г У Н Є І Н Є Х К Й Є
В І Т Р И Л Ь Н И К Т Я И С
М О Т У З К А О К Е А Н І В
```

ЯКІР	МОРЯК
ПЛІТ	МОРСЬКИЙ
БУЙ	ЩОГЛА
КАНОЕ	ДВИГУН
МОТУЗКА	МОРСЬКІ
ПОРОМ	ОКЕАН
КАЯК	РІЧКА
ОЗЕРО	ЕКІПАЖ
МОРЕ	ВІТРИЛЬНИК
ПРИПЛИВ	ЯХТА

97 - Antártida

```
Т  В  К  О  Н  Т  И  Н  Е  Н  Т  Ґ  Щ  Д
Ж  Е  Х  Ф  И  А  Ф  К  Г  П  Я  Л  Б  О
П  Н  М  Л  Н  И  У  П  Т  А  Х  У  Ю  С
І  Ь  А  П  Г  К  О  К  Р  Ґ  О  У  Щ  Л
Н  С  Р  П  Е  Г  К  Л  О  Ю  О  С  Я  І
Г  Я  И  Р  Ю  Р  Г  І  С  В  О  Д  А  Д
В  Х  Є  Л  Г  Д  А  Д  И  Б  И  Т  Б  Н
І  С  К  Е  Л  Я  С  Т  И  Й  Д  Й  І  И
Н  Ґ  П  Я  М  П  Ц  Ж  У  Н  Ч  Х  Я  К
И  І  Щ  Ф  П  Г  Е  О  Г  Р  А  Ф  І  Я
Б  У  Х  Т  А  Щ  Щ  Д  Я  Я  А  Щ  Е  Є
И  М  Ц  Д  Л  Ь  О  Д  О  В  И  К  І  В
Щ  І  М  І  Г  Р  А  Ц  І  Я  Л  Ш  О  М
М  І  Н  Е  Р  А  Л  И  О  С  Т  Р  І  В
```

ВОДА	ОСТРІВ
БУХТА	МІГРАЦІЯ
НАУКОВИЙ	МІНЕРАЛИ
КОНТИНЕНТ	ХМАРИ
ГЕОГРАФІЯ	ПТАХ
ЛЬОДОВИКІВ	ПІНГВІНИ
ЛІД	СКЕЛЯСТИЙ
ДОСЛІДНИК	ТЕМПЕРАТУРА

98 - Piratas

Ц	Е	Л	Д	Я	К	І	Р	Н	Ь	Б	П	Є	К
О	Т	Ш	Р	А	М	А	У	И	Ґ	Ш	Ь	П	И
Н	Л	Ж	Л	А	Ц	З	П	Н	О	Ч	Ф	Е	Є
Ґ	Е	Р	О	М	Х	О	А	І	С	Х	Е	Ч	І
Р	Е	Б	Ц	Щ	М	Л	П	П	Т	Х	С	Е	Б
Н	А	П	Е	Г	Є	О	У	Р	Р	А	Г	Р	Ф
Ь	Є	Ч	Г	З	П	Т	Г	И	І	К	Н	А	П
Е	М	І	Ф	Щ	П	О	А	Г	В	Н	П	С	О
С	Б	Ц	Я	Щ	И	Е	М	О	Н	Е	Т	И	Г
К	О	М	П	А	С	Ч	К	Д	Г	І	Д	П	А
А	М	К	М	М	И	Ш	К	А	Р	Т	А	Л	Н
Р	В	Я	Л	Е	Л	Е	Г	Е	Н	Д	А	Я	И
Б	Т	Г	Д	Ф	Ч	П	Р	А	П	О	Р	Ж	Й
Я	Д	Г	Є	Ф	Е	К	І	П	А	Ж	Л	Щ	А

ЯКІР
ПРИГОДА
ПРАПОР
КОМПАС
КАПІТАН
ШРАМ
ПЕЧЕРА
МЕЧ
ОСТРІВ
ЛЕГЕНДА

ПАПУГА
ПОГАНИЙ
КАРТА
МОНЕТИ
ЗОЛОТО
НЕБЕЗПЕКА
ПЛЯЖ
РОМ
СКАРБ
ЕКІПАЖ

99 - Mamíferos

```
К  Л  В  Я  Я  Г  Ж  Р  Д  Н  А  А  Х  Р
І  И  Е  І  И  Е  И  Ю  Е  Е  Ч  М  Я  Р
Ш  С  Д  С  Ю  К  Р  О  Л  И  К  П  Ю  Г
К  И  М  А  В  П  А  С  Ь  В  І  В  Ц  Я
А  Ц  І  Р  Я  Б  Ф  Ш  Ф  Ф  І  В  Ф  М
Е  Я  Д  Ж  Ч  Ч  Щ  Г  І  У  Я  Г  К  Ц
В  Є  Ь  В  К  І  Н  Ь  Н  Л  П  Н  П  И
А  Е  Щ  Ф  О  Б  И  К  К  З  А  Е  К  Ф
Е  Ш  Р  С  С  В  Ґ  О  И  Е  Л  Є  С  Ф
Я  Г  П  Б  Е  Ю  К  Й  Т  Б  Ґ  Г  Л  Г
Д  Ц  Ь  І  Л  Ц  В  О  Ґ  Р  А  Є  О  К
Е  Ж  Н  Ь  Е  Ю  Я  Т  Х  А  К  І  Н  И
Г  О  Р  И  Л  А  Д  К  Е  Н  Г  У  Р  У
Б  Л  О  Щ  Е  Ч  Е  Е  Ж  Л  Н  Ь  Ф  Ґ
```

КИТ	КІШКА
ОСЕЛ	ГОРИЛА
КІНЬ	ЖИРАФ
ВЕРБЛЮД	ВОВК
КЕНГУРУ	МАВПА
ЗЕБРА	ВЕДМІДЬ
КРОЛИК	ВІВЦЯ
КОЙОТ	ПЕС
ДЕЛЬФІН	БИК
СЛОН	ЛИСИЦЯ

100 - Abejas

```
Ґ  Н  З  Р  Н  Ф  Щ  Ф  Ґ  Б  Д  Щ  Ц  К
К  Ї  Ж  А  О  К  О  М  А  Х  А  В  Т  Р
Р  О  О  Г  П  С  О  Н  Ц  Е  Ж  М  Г  И
М  Щ  Г  И  П  И  Л  О  К  В  І  Т  И  Л
У  О  Г  П  Е  Ь  Л  И  Ц  В  Ж  Н  Е  А
Ж  Х  Г  У  Ц  К  Ю  Ь  Н  В  Д  К  Ь  Щ
Л  Е  Д  Р  Я  Я  Я  Ц  Н  И  П  О  Т  Ф
С  Ф  И  Т  Н  И  С  В  Ш  И  Ч  Д  В  Ф
І  Р  М  В  Ь  Ю  Ю  І  Д  Н  К  Х  Л  О
Е  У  Г  І  К  И  В  Т  Е  В  І  Ж  Я  Г
Е  К  О  С  И  С  Т  Е  М  А  У  С  А  Д
И  Т  Ц  К  О  Р  О  Л  Е  В  А  Л  Б  І
В  И  Г  І  Д  Н  И  Й  Д  Л  В  Ь  И  И
Щ  Я  Я  Ч  Ґ  О  М  Є  Р  І  Й  Ґ  Б  К
```

КРИЛА	ДИМ
ВИГІДНИЙ	КОМАХА
ВІСК	САД
ВУЛИК	МЕД
ЇЖА	РОСЛИНИ
ЕКОСИСТЕМА	ПИЛОК
РІЙ	ЗАПИЛЬНИК
ЦВІТ	КОРОЛЕВА
КВІТИ	СОНЦЕ
ФРУКТ	

1 - Ajedrez

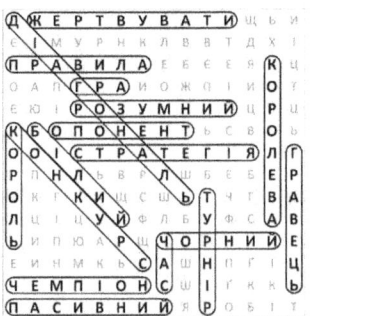

2 - Agua

3 - Granja #2

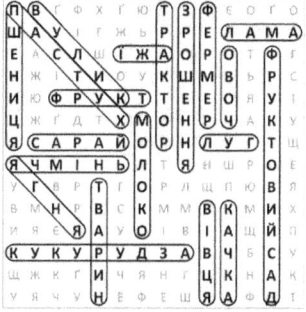

4 - Mueble

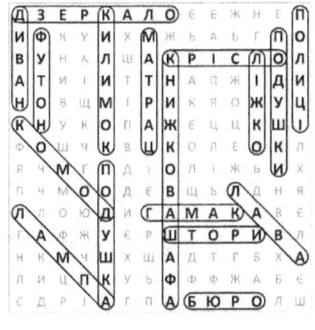

5 - Pesca

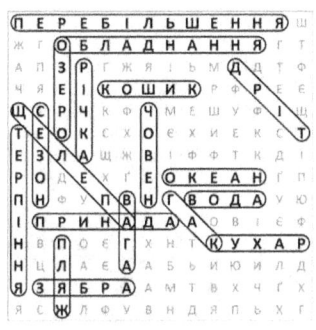

6 - Aviones

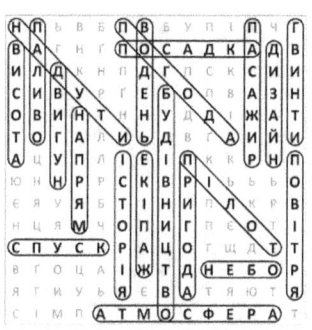

7 - Tipos de Cabello

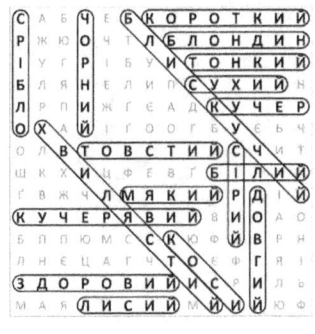

8 - Ciencia Ficción

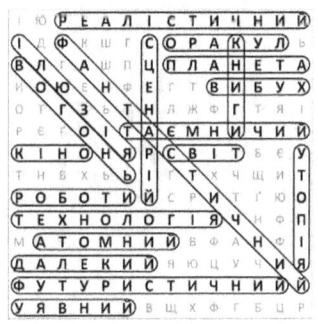

9 - Juguetes

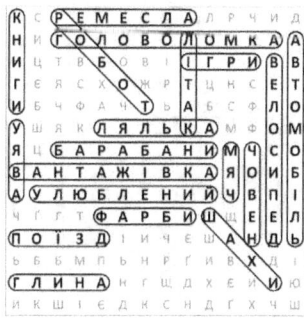

10 - Circo

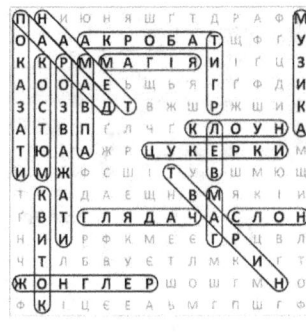

11 - Rellenar

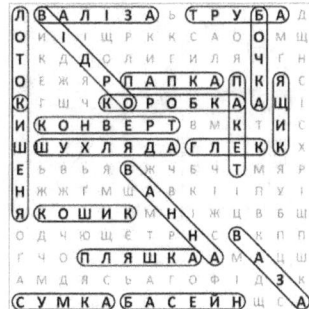

12 - Granja #1

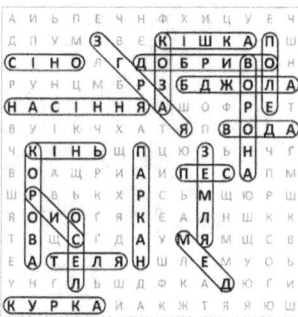

13 - Camping

14 - Fruta

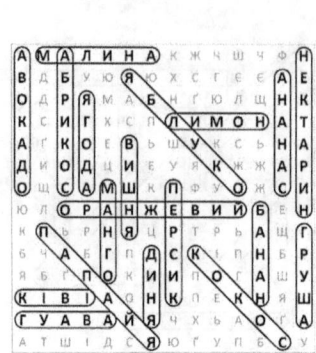

15 - Geología

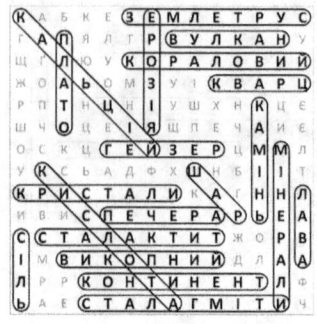

16 - Plantas

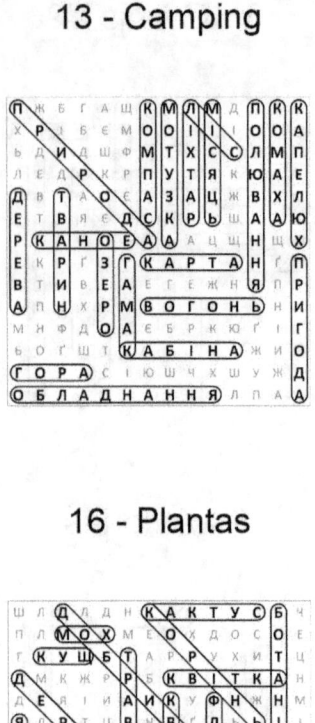

17 - Suministros de Arte

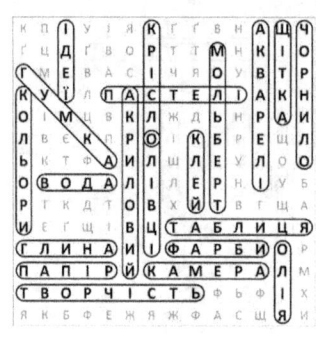

18 - Jardín

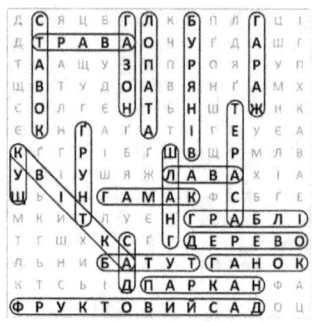

19 - Países #2

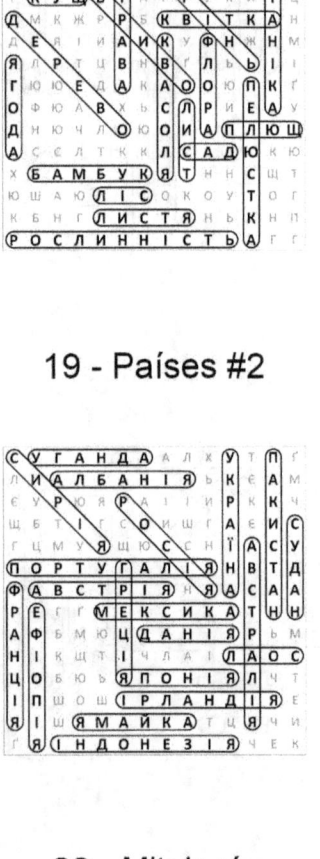

20 - Tecnología

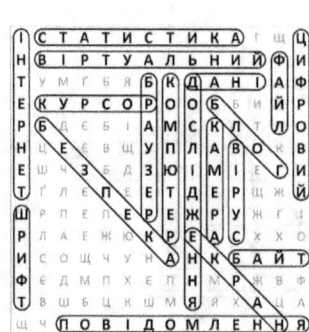

21 - Números

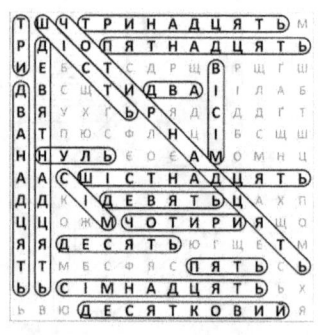

22 - Mitología

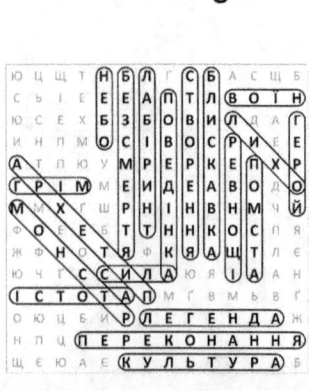

23 - Ecología

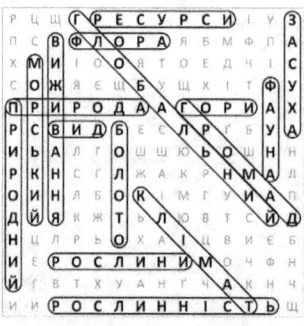

24 - Herramientas

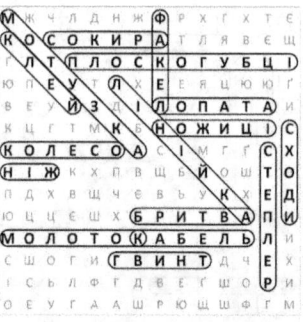

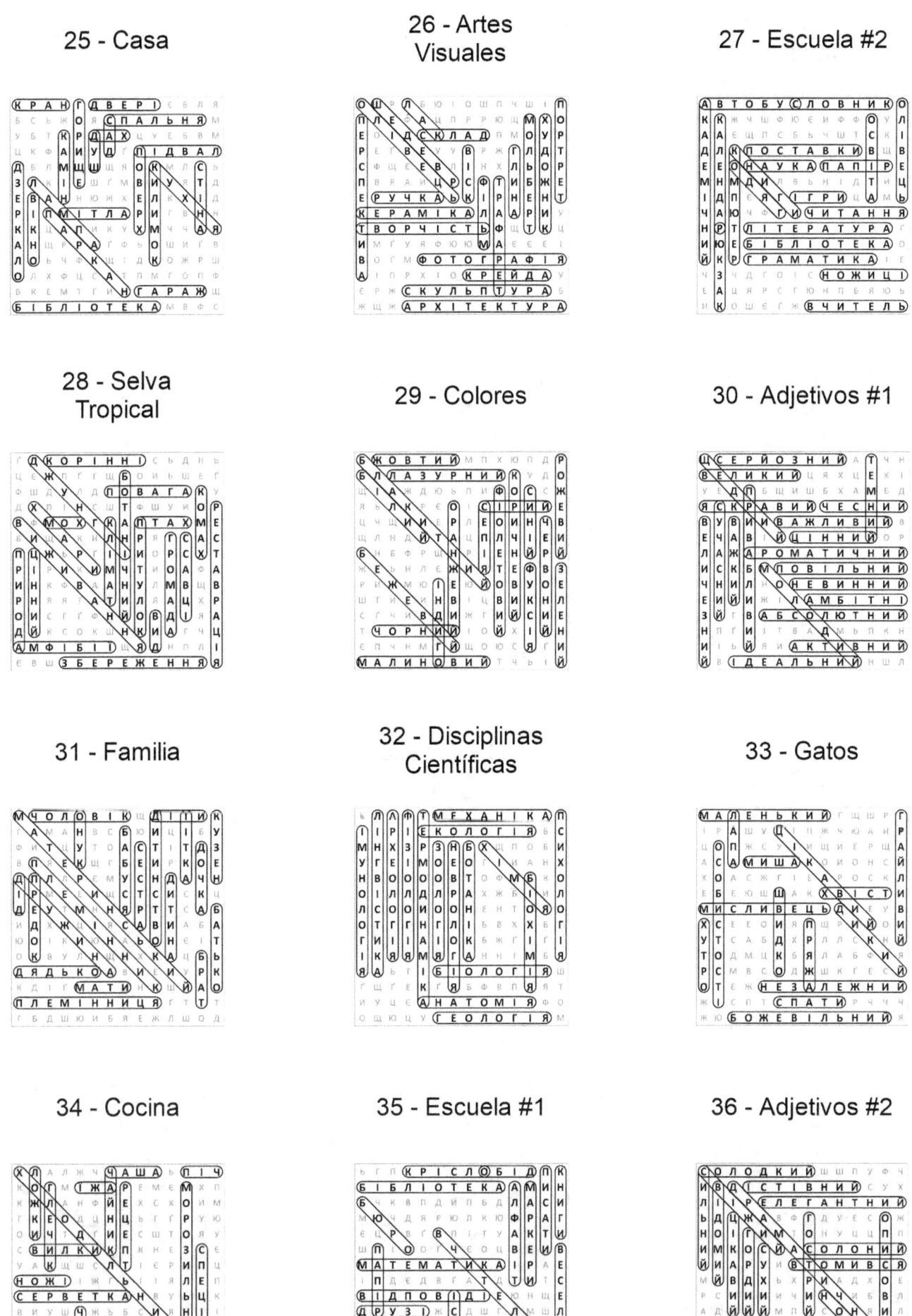

25 - Casa

26 - Artes Visuales

27 - Escuela #2

28 - Selva Tropical

29 - Colores

30 - Adjetivos #1

31 - Familia

32 - Disciplinas Científicas

33 - Gatos

34 - Cocina

35 - Escuela #1

36 - Adjetivos #2

37 - Cuerpo Humano

38 - Ciencia

39 - Dinosaurios

40 - Restaurante #2

41 - Profesiones #1

42 - Vehículos

43 - Vacaciones #2

44 - Cumpleaños

45 - Baile

46 - Matemáticas

47 - Restaurante #1

48 - Profesiones #2

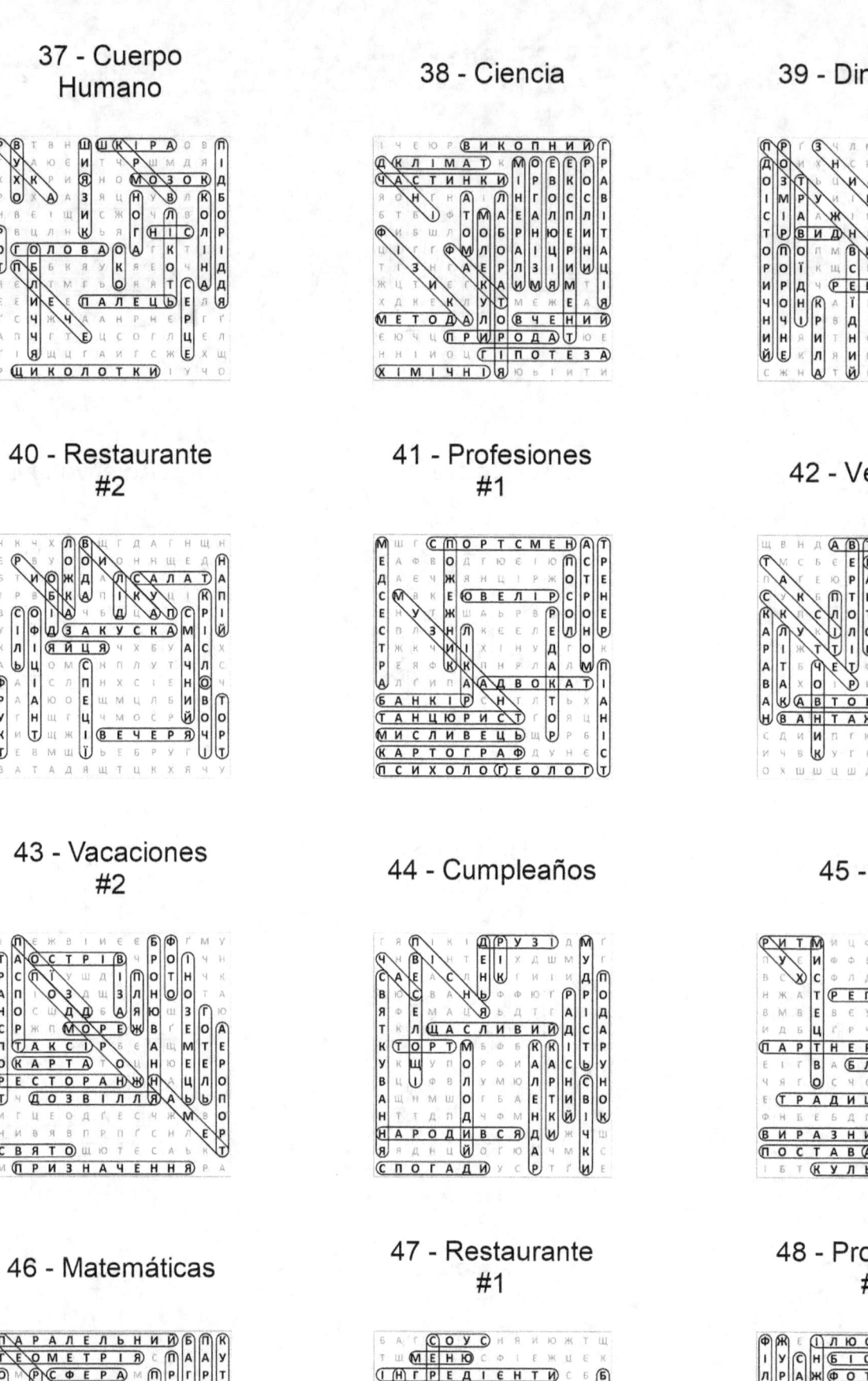

49 - Senderismo

50 - Naturaleza

51 - Vacaciones #1

52 - Conduciendo

53 - Ballet

54 - Aventura

55 - Pájaros

56 - Playa

57 - Surf

58 - Geografía

59 - Deportes

60 - Actividades

61 - Verduras

62 - Instrumentos Musicales

63 - Mascotas

64 - Formas

65 - Flores

66 - Astronomía

67 - Tiempo

68 - Paisajes

69 - Días y Meses

70 - Chocolate

71 - Barbacoas

72 - Ropa

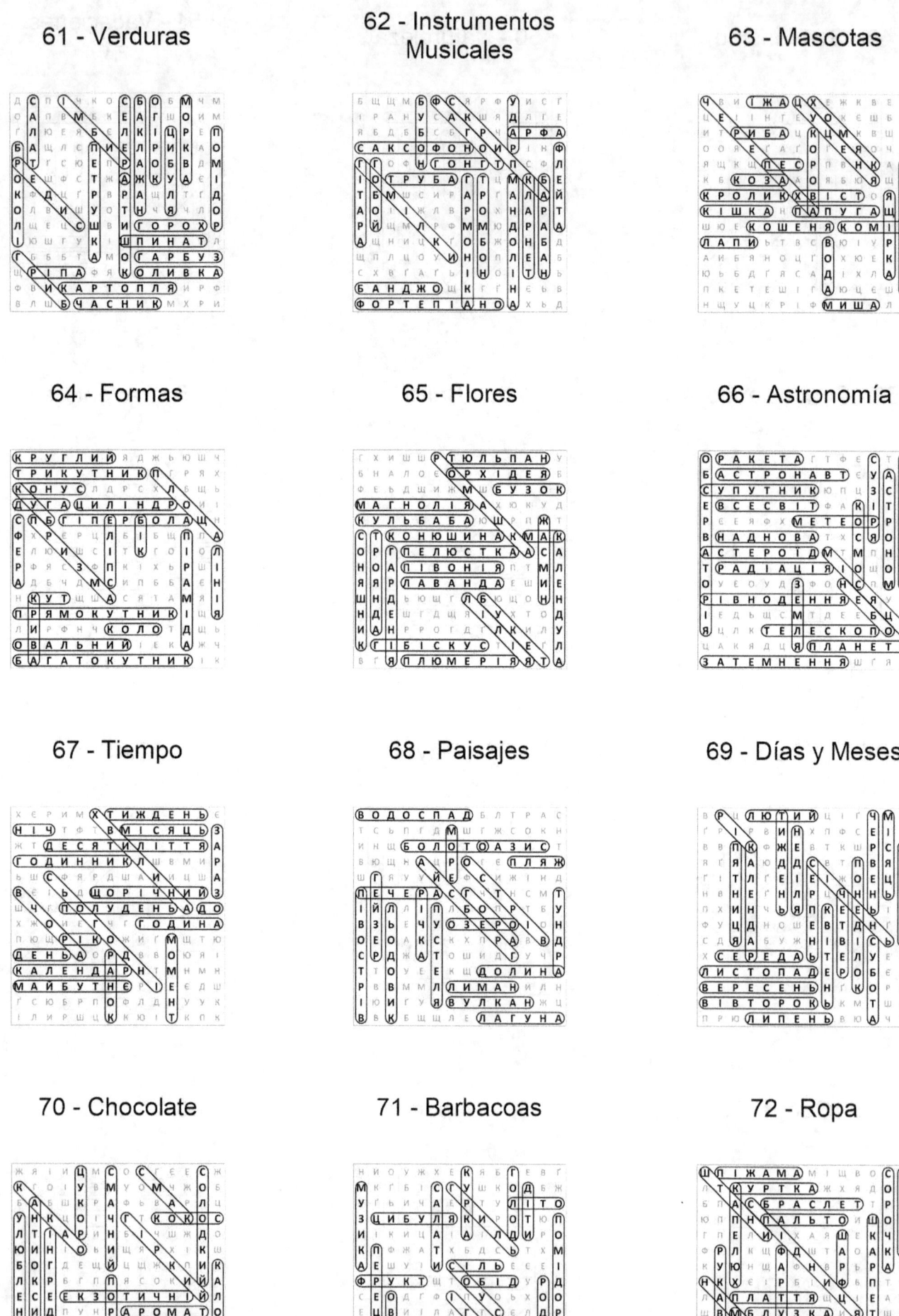

73 - Meditación

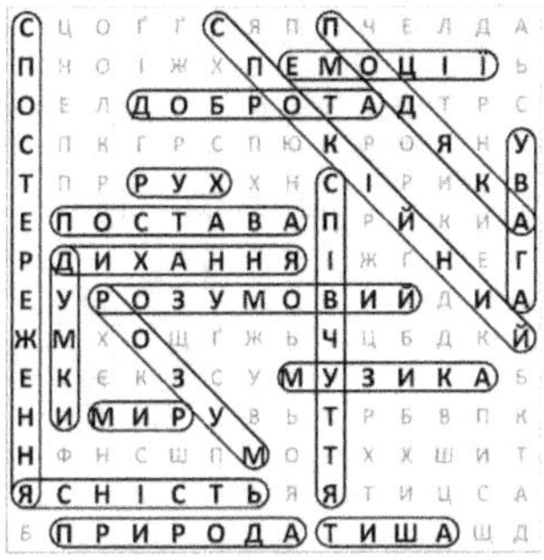

74 - Comedia

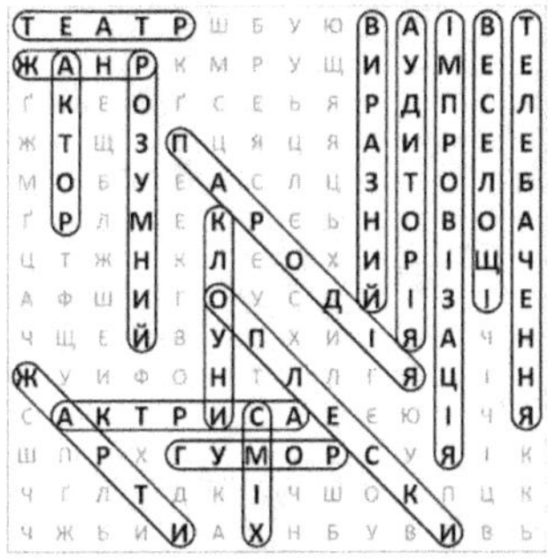

75 - Libros

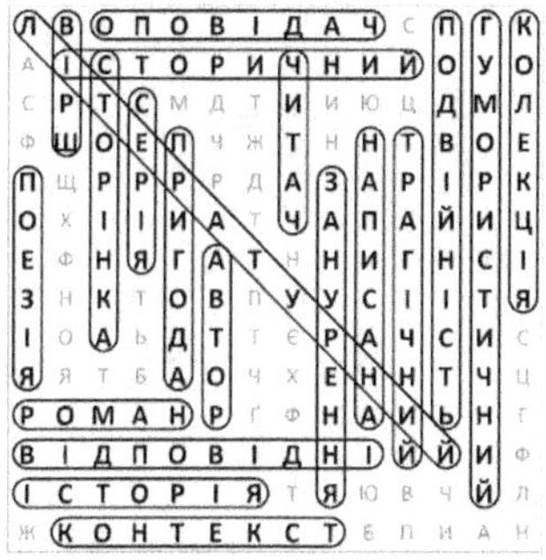

76 - Nutrición

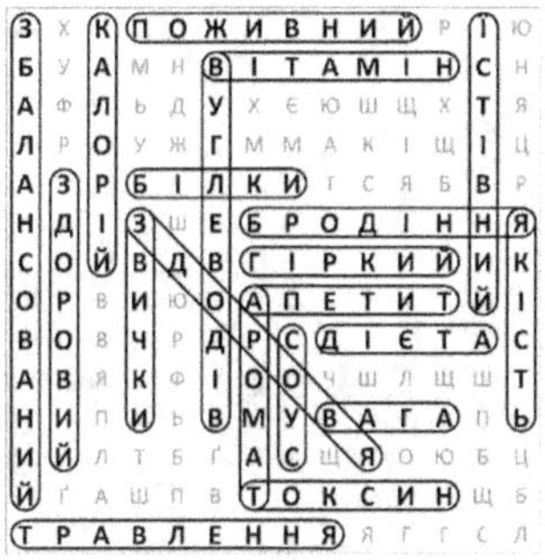

77 - Edificios

78 - Océano

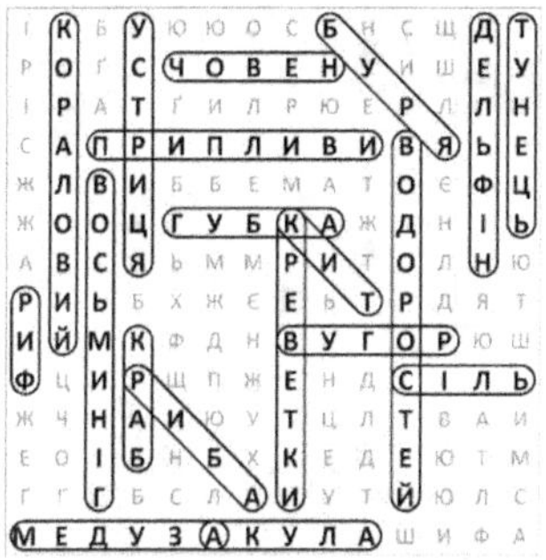

79 - Ciudad

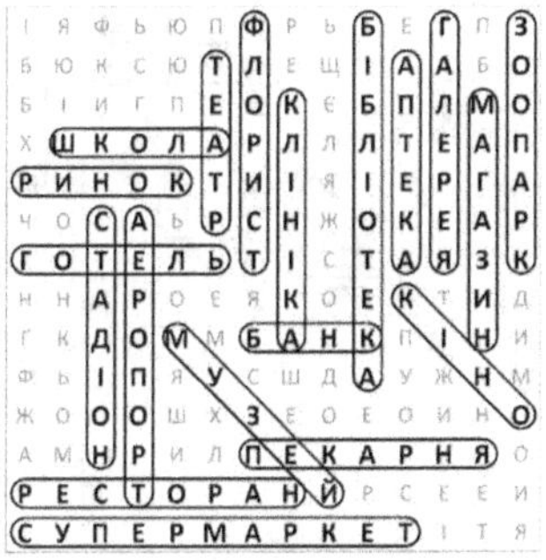

80 - Campeonato

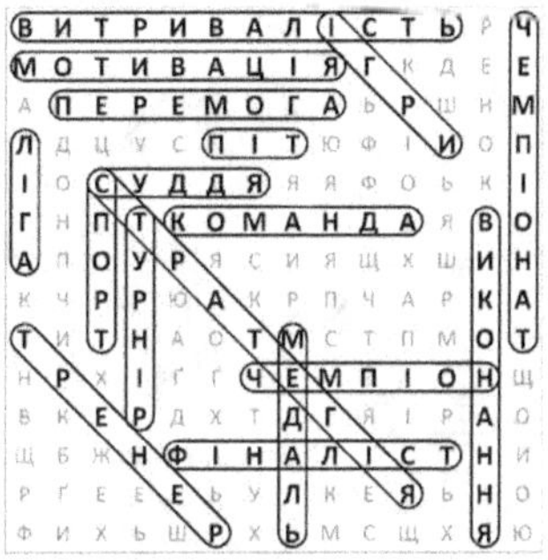

81 - Actividades y Ocio

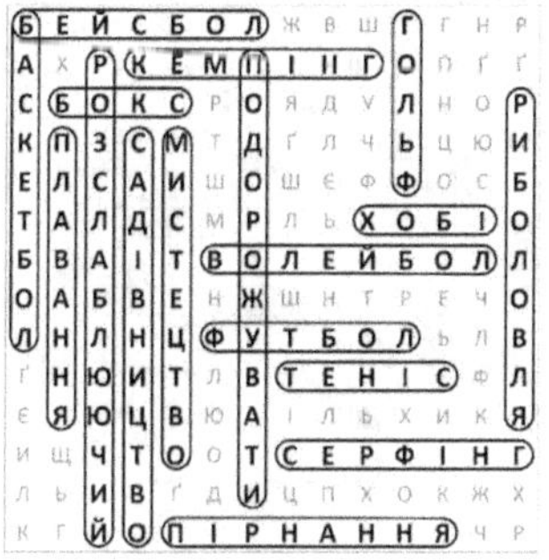

82 - Comida #1

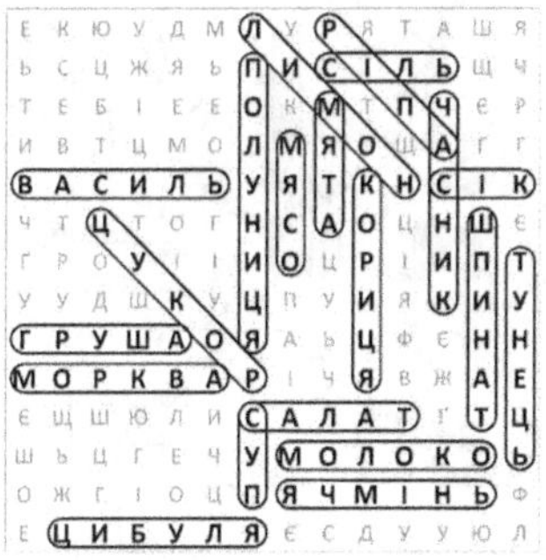

83 - Virtudes #1

84 - Literatura

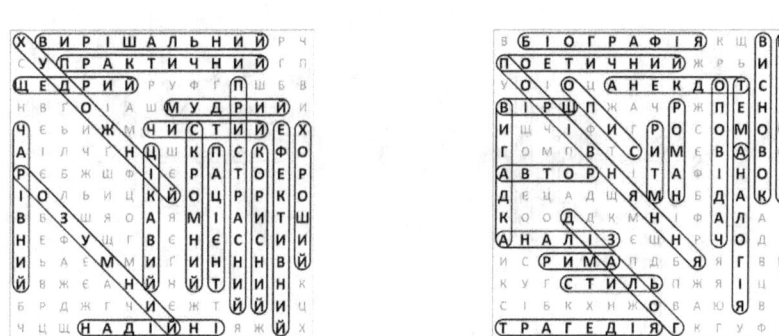

85 - Baño

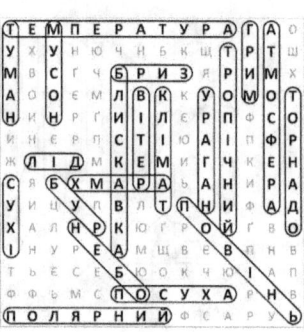

86 - Clima

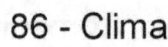

87 - Comida #2

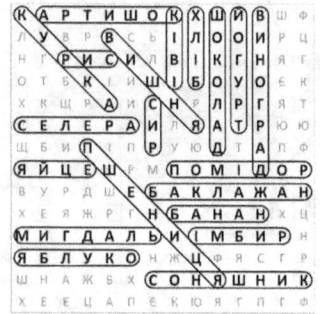

88 - Castillos

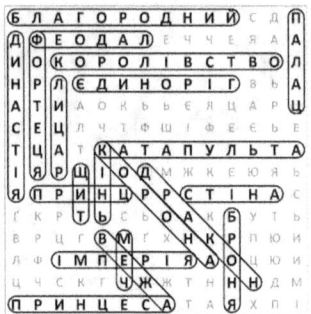

89 - Arte

90 - Herboristería

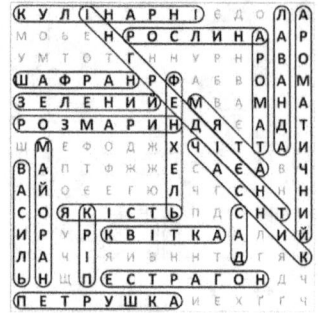

91 - Verano

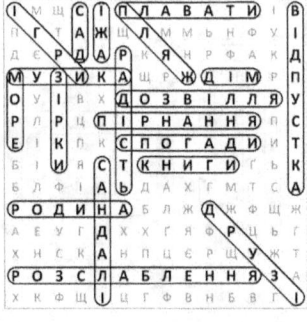

92 - Insectos

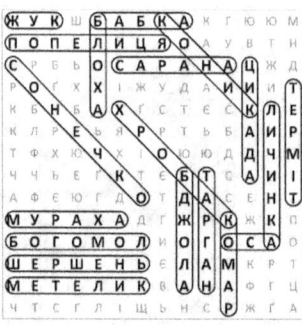

93 - Especias

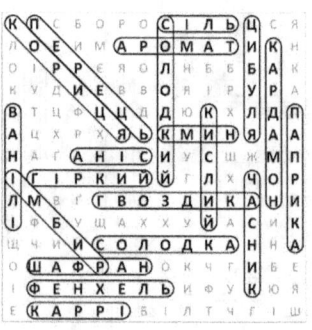

94 - Emociones

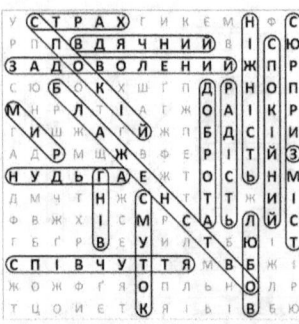

95 - Mediciones

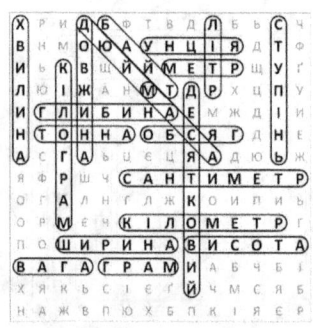

96 - Barcos

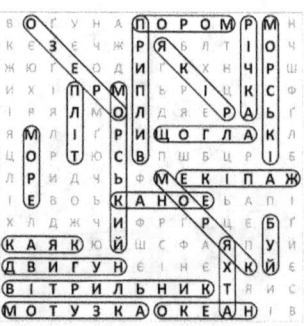

97 - Antártida

98 - Piratas

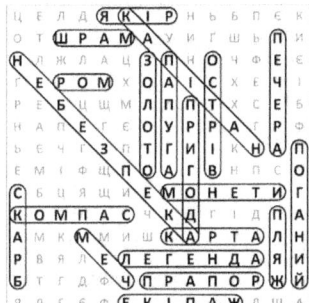

99 - Mamíferos

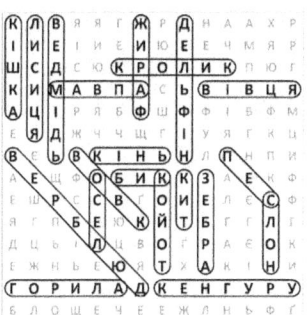

100 - Abejas

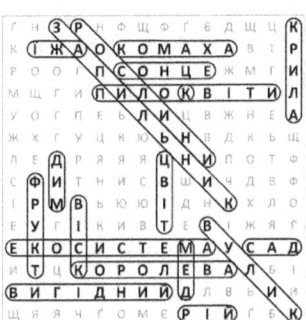

Diccionario

Abejas
Бджола

Alas	Крила
Beneficioso	Вигідний
Cera	Віск
Colmena	Вулик
Comida	Їжа
Ecosistema	Екосистема
Enjambre	Рій
Flor	Цвіт
Flores	Квіти
Fruta	Фрукт
Humo	Дим
Insecto	Комаха
Jardín	Сад
Miel	Мед
Plantas	Рослини
Polen	Пилок
Polinizador	Запильник
Reina	Королева
Sol	Сонце

Actividades
Види Діяльності

Actividad	Діяльність
Arte	Мистецтво
Artesanía	Ремесла
Camping	Кемпінг
Caza	Полювання
Cerámica	Кераміка
Costura	Шиття
Fotografía	Фотографія
Habilidad	Навичка
Intereses	Інтереси
Jardinería	Садівництво
Juegos	Ігри
Lectura	Читання
Magia	Магія
Ocio	Дозвілля
Pesca	Риболовля
Placer	Задоволення
Relajación	Розслаблення
Rompecabezas	Загадки
Tejer	В'Язання

Actividades y Ocio
Відпочинок та Дозвілля

Aficiones	Хобі
Arte	Мистецтво
Baloncesto	Баскетбол
Béisbol	Бейсбол
Boxeo	Бокс
Buceo	Пірнання
Camping	Кемпінг
Fútbol	Футбол
Golf	Гольф
Jardinería	Садівництво
Natación	Плавання
Pesca	Риболовля
Relajante	Розслаблюючий
Surf	Серфінг
Tenis	Теніс
Viaje	Подорожувати
Voleibol	Волейбол

Adjetivos #1
Прикметники #1

Absoluto	Абсолютний
Activo	Активний
Ambicioso	Амбітні
Aromático	Ароматичний
Atractivo	Привабливий
Brillante	Яскравий
Enorme	Величезний
Generoso	Щедрий
Grande	Великий
Honesto	Чесний
Importante	Важливий
Inocente	Невинний
Joven	Молодий
Lento	Повільний
Moderno	Сучасний
Oscuro	Темний
Perfecto	Ідеальний
Pesado	Важкий
Serio	Серйозний
Valioso	Цінний

Adjetivos #2
Прикметники #2

Cansado	Втомився
Comestible	Їстівний
Creativo	Творчий
Descriptivo	Описовий
Dramático	Драматичні
Dulce	Солодкий
Elegante	Елегантний
Famoso	Відомий
Fresco	Свіжий
Fuerte	Сильний
Interesante	Цікавий
Natural	Природний
Normal	Нормальний
Nuevo	Новий
Orgulloso	Гордий
Picante	Гострий
Productivo	Продуктивний
Salado	Солоний
Saludable	Здоровий
Seco	Сухий

Agua
Вода

Canal	Канал
Ducha	Душ
Evaporación	Випаровування
Géiser	Гейзер
Helada	Мороз
Hielo	Лід
Humedad	Вологість
Huracán	Ураган
Inundación	Повінь
Lago	Озеро
Lluvia	Дощ
Monzón	Мусон
Nieve	Сніг
Océano	Океан
Olas	Хвилі
Potable	Питний
Riego	Зрошення
Río	Річка
Vapor	Пар

Ajedrez
Шахи

Blanco	Білий
Campeón	Чемпіон
Concurso	Конкурс
Diagonal	Діагональ
Estrategia	Стратегія
Inteligente	Розумний
Juego	Гра
Jugador	Гравець
Negro	Чорний
Oponente	Опонент
Pasivo	Пасивний
Reglas	Правила
Reina	Королева
Rey	Король
Sacrificio	Жертвувати
Tiempo	Час
Torneo	Турнір

Antártida
Антарктида

Agua	Вода
Bahía	Бухта
Científico	Науковий
Conservación	Збереження
Continente	Континент
Expedición	Експедиція
Geografía	Географія
Glaciares	Льодовиків
Hielo	Лід
Investigador	Дослідник
Islas	Острів
Migración	Міграція
Minerales	Мінерали
Nubes	Хмари
Pájaros	Птах
Península	Півострів
Pingüinos	Пінгвіни
Rocoso	Скелястий
Temperatura	Температура
Topografía	Топографія

Arte
Мистецтво

Cerámica	Керамічні
Complejo	Складний
Composición	Склад
Crear	Творити
Escultura	Скульптура
Expresión	Вираз
Honesto	Чесний
Humor	Настрій
Inspirado	Запалений
Original	Оригінал
Personal	Особистий
Pinturas	Картини
Poesía	Поезія
Sencillo	Простий
Símbolo	Символ
Surrealismo	Сюрреалізм
Tema	Предмет
Visual	Візуальний

Artes Visuales
Образотворче Мистецтво

Arcilla	Глина
Arquitectura	Архітектура
Artista	Художник
Barniz	Лак
Caballete	Мольберт
Cera	Віск
Cerámica	Кераміка
Composición	Склад
Creatividad	Творчість
Escultura	Скульптура
Fotografía	Фотографія
Lápiz	Олівець
Obra Maestra	Шедевр
Película	Фільм
Perspectiva	Перспектива
Plantilla	Трафарет
Pluma	Ручка
Retrato	Портрет
Tiza	Крейда

Astronomía
Астрономія

Asteroide	Астероїд
Astronauta	Астронавт
Astrónomo	Астроном
Cielo	Небо
Cohete	Ракета
Constelación	Сузір'Я
Cosmos	Космос
Eclipse	Затемнення
Equinoccio	Рівнодення
Galaxia	Галактика
Luna	Місяць
Meteoro	Метеор
Observatorio	Обсерваторія
Planeta	Планета
Radiación	Радіація
Satélite	Супутник
Supernova	Наднова
Telescopio	Телескоп
Tierra	Земля
Universo	Всесвіт

Aventura
Пригоди

Actividad	Діяльність
Alegría	Радість
Amigos	Друзі
Belleza	Краса
Destino	Призначення
Dificultad	Трудність
Entusiasmo	Ентузіазм
Excursión	Екскурсія
Inusual	Незвичайні
Itinerario	Маршрут
Naturaleza	Природа
Navegación	Навігація
Nuevo	Новий
Oportunidad	Шанс
Peligroso	Небезпечний
Preparación	Підготовка
Seguridad	Безпека
Valentía	Хоробрість
Viajes	Подорожі

Aviones
Літаки

Aire	Повітря
Altura	Висота
Aterrizaje	Посадка
Atmósfera	Атмосфера
Aventura	Пригода
Cielo	Небо
Clima	Погода
Combustible	Паливо
Construcción	Будівництво
Descenso	Спуск
Dirección	Напрям
Diseño	Дизайн
Hélices	Гвинти
Hidrógeno	Водень
Historia	Історія
Inflar	Надути
Motor	Двигун
Pasajero	Пасажир
Piloto	Пілот
Tripulación	Екіпаж

Baile
Танець

Academia	Академія
Alegre	Радісний
Arte	Мистецтво
Clásico	Класичний
Coreografía	Хореографія
Cuerpo	Тіло
Cultura	Культура
Cultural	Культурний
Emoción	Емоція
Ensayo	Репетиція
Expresivo	Виразний
Gracia	Благодать
Movimiento	Рух
Música	Музика
Postura	Постава
Ritmo	Ритм
Socio	Партнер
Tradicional	Традиційний
Visual	Візуальний

Ballet
Балет

Aplauso	Оплески
Artístico	Художній
Audiencia	Аудиторія
Bailarina	Балерина
Bailarines	Танцюристів
Compositor	Композитор
Coreografía	Хореографія
Ensayo	Репетиція
Estilo	Стиль
Expresivo	Виразний
Gesto	Жест
Habilidad	Навичка
Intensidad	Інтенсивність
Lecciones	Уроки
Músculos	М'Язи
Música	Музика
Orquesta	Оркестр
Práctica	Практика
Ritmo	Ритм
Técnica	Техніка

Baño
Ванна Кімната

Agua	Вода
Alfombra	Килимок
Aseo	Туалет
Baño	Ванна
Burbujas	Бульбашки
Champú	Шампунь
Ducha	Душ
Espejo	Дзеркало
Esponja	Губка
Grifo	Кран
Jabón	Мило
Loción	Лосьйон
Perfume	Парфуми
Tijeras	Ножиці
Toalla	Рушник
Vapor	Пар

Barbacoas
Барбекю

Almuerzo	Обід
Caliente	Гаряче
Cebollas	Цибуля
Cena	Вечеря
Cuchillos	Ножі
Ensaladas	Салати
Familia	Родина
Fruta	Фрукт
Hambre	Голод
Juegos	Ігри
Música	Музика
Niños	Діти
Parrilla	Гриль
Pimienta	Перець
Pollo	Курка
Sal	Сіль
Salsa	Соус
Tomates	Помідори
Verano	Літо
Verduras	Овочі

Barcos
Катери

Ancla	Якір
Balsa	Пліт
Boya	Буй
Canoa	Каное
Cuerda	Мотузка
Ferry	Пором
Kayak	Каяк
Lago	Озеро
Mar	Море
Marea	Приплив
Marinero	Моряк
Marítimo	Морський
Mástil	Щогла
Motor	Двигун
Náutico	Морські
Océano	Океан
Río	Річка
Tripulación	Екіпаж
Velero	Вітрильник
Yate	Яхта

Campeonato
Чемпіонат

Campeonato	Чемпіонат
Campeón	Чемпіон
Deportes	Спорт
Entrenador	Тренер
Equipo	Команда
Estrategia	Стратегія
Finalista	Фіналіст
Juegos	Ігри
Juez	Суддя
Liga	Ліга
Medalla	Медаль
Motivación	Мотивація
Rendimiento	Виконання
Resistencia	Витривалість
Torneo	Турнір
Transpiración	Піт
Victoria	Перемога

Camping
Кемпінг

Animales	Тварин
Aventura	Пригода
Árboles	Дерева
Bosque	Ліс
Brújula	Компас
Cabina	Кабіна
Canoa	Каное
Caza	Полювання
Cuerda	Мотузка
Equipo	Обладнання
Fuego	Вогонь
Hamaca	Гамак
Insecto	Комаха
Lago	Озеро
Linterna	Ліхтар
Luna	Місяць
Mapa	Карта
Montaña	Гора
Naturaleza	Природа
Sombrero	Капелюх

Casa
Будинок

Alfombra	Килимок
Ático	Горище
Biblioteca	Бібліотека
Chimenea	Камін
Cocina	Кухня
Dormitorio	Спальня
Ducha	Душ
Escoba	Мітла
Espejo	Дзеркало
Garaje	Гараж
Grifo	Кран
Jardín	Сад
Lámpara	Лампа
Pared	Стіна
Piso	Поверх
Puerta	Двері
Sótano	Підвал
Techo	Дах
Valla	Паркан
Ventana	Вікно

Castillos
Замки

Armadura	Броня
Caballero	Лицар
Caballo	Кінь
Catapulta	Катапульта
Corona	Корона
Dinastía	Династія
Dragón	Дракон
Escudo	Щит
Espada	Меч
Feudal	Феодал
Fortaleza	Фортеця
Imperio	Імперія
Noble	Благородний
Palacio	Палац
Pared	Стіна
Princesa	Принцеса
Príncipe	Принц
Reino	Королівство
Torre	Вежа
Unicornio	Єдиноріг

Chocolate
Шоколад

Amargo	Гіркий
Antioxidante	Антиоксидант
Azúcar	Цукор
Cacahuetes	Арахіс
Cacao	Какао
Calidad	Якість
Calorías	Калорій
Caramelo	Карамель
Coco	Кокос
Delicioso	Смачний
Dulce	Солодкий
Exótico	Екзотичні
Favorito	Улюблений
Gusto	Смак
Ingrediente	Інгредієнт
Polvo	Порошок
Receta	Рецепт
Sabor	Аромат

Ciencia
Наукова

Átomo	Атом
Científico	Вчений
Clima	Клімат
Datos	Дані
Evolución	Еволюція
Experimento	Експеримент
Física	Фізика
Fósil	Викопний
Gravedad	Гравітація
Hecho	Факт
Hipótesis	Гіпотеза
Laboratorio	Лабораторія
Método	Метод
Minerales	Мінерали
Moléculas	Молекули
Naturaleza	Природа
Organismo	Організм
Partículas	Частинки
Plantas	Рослини
Químico	Хімічні

Ciencia Ficción
Наукова Фантастика

Atómico	Атомний
Cine	Кіно
Distante	Далекий
Escenario	Сценарій
Explosión	Вибух
Fantástico	Фантастичний
Fuego	Вогонь
Futurista	Футуристичний
Galaxia	Галактика
Ilusión	Ілюзія
Imaginario	Уявний
Libros	Книги
Misterioso	Таємничий
Mundo	Світ
Oráculo	Оракул
Planeta	Планета
Realista	Реалістичний
Robots	Роботи
Tecnología	Технологія
Utopía	Утопія

Circo
Цирк

Acróbata	Акробат
Animales	Тварин
Billete	Квиток
Caramelo	Цукерки
Carpa	Намет
Desfile	Парад
Elefante	Слон
Entretener	Розважати
Espectador	Глядач
León	Лев
Magia	Магія
Mago	Маг
Malabarista	Жонглер
Mono	Мавпа
Mostrar	Показати
Música	Музика
Payaso	Клоун
Tigre	Тигр
Traje	Костюм

Ciudad
Місто

Aeropuerto	Аеропорт
Banco	Банк
Biblioteca	Бібліотека
Cine	Кіно
Clínica	Клініка
Escuela	Школа
Estadio	Стадіон
Farmacia	Аптека
Florista	Флорист
Galería	Галерея
Hotel	Готель
Mercado	Ринок
Museo	Музей
Panadería	Пекарня
Restaurante	Ресторан
Supermercado	Супермаркет
Teatro	Театр
Tienda	Магазин
Universidad	Університет
Zoo	Зоопарк

Clima
Погода

Atmósfera	Атмосфера
Brisa	Бриз
Cielo	Небо
Clima	Клімат
Hielo	Лід
Huracán	Ураган
Inundación	Повінь
Monzón	Мусон
Niebla	Туман
Nube	Хмара
Polar	Полярний
Rayo	Блискавка
Seco	Сухі
Sequía	Посуха
Temperatura	Температура
Tormenta	Бур
Tornado	Торнадо
Tropical	Тропічний
Trueno	Грим
Viento	Вітер

Cocina
Кухня

Caldera	Чайник
Comida	Їжа
Congelador	Морозильник
Cucharas	Ложки
Cuchillos	Ножі
Delantal	Фартух
Especias	Спеції
Esponja	Губка
Horno	Піч
Jarra	Глечик
Palillos	Паличками
Parrilla	Гриль
Receta	Рецепт
Refrigerador	Холодильник
Servilleta	Серветка
Tarro	Глек
Tazas	Чашки
Tazón	Чаша
Tenedores	Вилки

Colores
Кольори

Amarillo	Жовтий
Azul	Синій
Azur	Лазурний
Beige	Бежевий
Blanco	Білий
Carmesí	Малиновий
Cian	Блакитний
Fucsia	Фуксія
Gris	Сірий
Índigo	Індиго
Marrón	Коричневий
Naranja	Оранжевий
Negro	Чорний
Púrpura	Фіолетовий
Rojo	Червоний
Rosa	Рожевий
Sepia	Сепія
Verde	Зелений

Comedia
Комедія

Actor	Актор
Actriz	Актриса
Aplauso	Оплески
Audiencia	Аудиторія
Chistes	Жарти
Diversión	Веселощі
Expresivo	Виразний
Género	Жанр
Humor	Гумор
Improvisación	Імпровізація
Inteligente	Розумний
Parodia	Пародія
Payasos	Клоуни
Risa	Сміх
Teatro	Театр
Televisión	Телебачення

Comida #1
Харчування #1

Ajo	Часник
Albahaca	Василь
Atún	Тунець
Azúcar	Цукор
Canela	Кориця
Carne	М'Ясо
Cebada	Ячмінь
Cebolla	Цибуля
Ensalada	Салат
Espinacas	Шпинат
Fresa	Полуниця
Jugo	Сік
Leche	Молоко
Limón	Лимон
Menta	М'Ята
Nabo	Ріпа
Pera	Груша
Sal	Сіль
Sopa	Суп
Zanahoria	Морква

Comida #2
Харчування #2

Alcachofa	Артишок
Almendra	Мигдаль
Apio	Селера
Arroz	Рис
Berenjena	Баклажан
Cereza	Вишня
Chocolate	Шоколад
Girasol	Соняшник
Huevo	Яйце
Jengibre	Імбир
Kiwi	Ківі
Manzana	Яблуко
Pan	Хліб
Plátano	Банан
Pollo	Курка
Queso	Сир
Tomate	Помідор
Trigo	Пшениця
Uva	Виноград
Yogur	Йогурт

Conduciendo
Водіння

Accidente	Аварія
Calle	Вулиця
Camión	Вантажівка
Coche	Автомобіль
Combustible	Паливо
Frenos	Гальма
Garaje	Гараж
Gas	Газ
Licencia	Ліцензія
Mapa	Карта
Motocicleta	Мотоцикл
Motor	Мотор
Peatonal	Пішохід
Peligro	Небезпека
Policía	Поліція
Seguridad	Безпека
Transporte	Транспорт
Tráfico	Трафік
Túnel	Тунель
Velocidad	Швидкість

Cuerpo Humano
Людське Тіло

Barbilla	Підборіддя
Boca	Рот
Cabeza	Голова
Cara	Обличчя
Cerebro	Мозок
Codo	Лікоть
Corazón	Серце
Cuello	Шия
Dedo	Палець
Hombro	Плече
Lengua	Язик
Mano	Рука
Nariz	Ніс
Ojo	Око
Oreja	Вухо
Piel	Шкіра
Pierna	Нога
Rodilla	Коліна
Sangre	Кров
Tobillo	Щиколотки

Cumpleaños
День Народження

Alegre	Радісний
Amigos	Друзі
Año	Рік
Calendario	Календар
Canción	Пісня
Celebración	Святкування
Diversión	Веселощі
Día	День
Especial	Особливий
Feliz	Щасливий
Invitaciones	Запрошення
Joven	Молодий
Nacer	Народився
Pastel	Торт
Recuerdos	Спогади
Regalo	Подарунок
Sabiduría	Мудрість
Tarjetas	Картки
Tiempo	Час
Velas	Свічки

Deportes
Спортивний

Atleta	Спортсмен
Árbitro	Суддя
Baloncesto	Баскетбол
Béisbol	Бейсбол
Bicicleta	Велосипед
Campeonato	Чемпіонат
Entrenador	Тренер
Equipo	Команда
Estadio	Стадіон
Ganador	Переможець
Gimnasia	Гімнастика
Gimnasio	Гімназія
Golf	Гольф
Hockey	Хокей
Juego	Гра
Jugador	Гравець
Movimiento	Рух
Nadar	Плавати
Tenis	Теніс

Dinosaurios
Динозаври

Alas	Крила
Cola	Хвіст
Desaparición	Зникнення
Enorme	Величезний
Especie	Вид
Evolución	Еволюція
Grande	Великий
Herbívoro	Травоїдні
Mamut	Мамонт
Omnívoro	Всеїдний
Poderoso	Потужний
Prehistórico	Доісторичний
Reptil	Рептилія
Tamaño	Розмір
Tierra	Земля
Vicioso	Порочне

Disciplinas Científicas
Наукові Дисципліни

Anatomía	Анатомія
Arqueología	Археологія
Astronomía	Астрономія
Biología	Біологія
Bioquímica	Біохімія
Botánica	Ботаніка
Ecología	Екологія
Fisiología	Фізіологія
Geología	Геологія
Inmunología	Імунологія
Lingüística	Лінгвістика
Mecánica	Механіка
Meteorología	Метеорологія
Mineralogía	Мінералогія
Neurología	Неврологія
Psicología	Психологія
Química	Хімія
Sociología	Соціологія
Termodinámica	Термодинаміка
Zoología	Зоологія

Días y Meses
Дні та Місяці

Abril	Квітень
Agosto	Серпень
Año	Рік
Calendario	Календар
Domingo	Неділя
Enero	Січень
Febrero	Лютий
Jueves	Четвер
Julio	Липень
Junio	Червень
Lunes	Понеділок
Martes	Вівторок
Mes	Місяць
Miércoles	Середа
Noviembre	Листопад
Octubre	Жовтень
Sábado	Субота
Semana	Тиждень
Septiembre	Вересень
Viernes	П'Ятниця

Ecología
Екологія

Clima	Клімат
Comunidades	Громад
Especie	Вид
Fauna	Фауна
Flora	Флора
Global	Глобальний
Marino	Морський
Montañas	Гори
Natural	Природний
Naturaleza	Природа
Pantano	Болото
Plantas	Рослини
Recursos	Ресурси
Sequía	Засуха
Supervivencia	Виживання
Vegetación	Рослинність

Edificios
Будинки

Albergue	Гуртожиток
Apartamento	Квартира
Castillo	Замок
Cine	Кіно
Embajada	Посольство
Escuela	Школа
Estadio	Стадіон
Fábrica	Фабрика
Garaje	Гараж
Granero	Сарай
Granja	Ферма
Hospital	Лікарня
Hotel	Готель
Laboratorio	Лабораторія
Museo	Музей
Observatorio	Обсерваторія
Supermercado	Супермаркет
Teatro	Театр
Torre	Вежа
Universidad	Університет

Emociones
Емоції

Aburrimiento	Нудьга
Agradecido	Вдячний
Alegría	Радість
Amor	Любов
Beatitud	Блаженство
Bondad	Доброта
Calma	Спокійний
Contenido	Зміст
Ira	Гнів
Miedo	Страх
Paz	Мир
Satisfecho	Задоволений
Simpatía	Співчуття
Sorpresa	Сюрприз
Ternura	Ніжність
Tranquilidad	Спокій
Tristeza	Смуток

Escuela #1
Школа #1

Alfabeto	Алфавіт
Almuerzo	Обід
Amigos	Друзі
Aula	Клас
Biblioteca	Бібліотека
Carpetas	Папки
Diversión	Веселощі
Escribir	Писати
Escritorio	Бюро
Exámenes	Іспити
Lápiz	Олівець
Libros	Книги
Marcadores	Маркери
Matemática	Математика
Papel	Папір
Plumas	Ручки
Profesor	Вчитель
Respuestas	Відповіді
Silla	Крісло

Escuela #2
Школа #2

Académico	Академічний
Autobús	Автобус
Biblioteca	Бібліотека
Calendario	Календар
Ciencia	Наука
Diccionario	Словник
Educación	Освіта
Gramática	Граматика
Juegos	Ігри
Lápiz	Олівець
Lectura	Читання
Libros	Книги
Literatura	Література
Mochila	Рюкзак
Ordenador	Комп'Ютер
Papel	Папір
Profesor	Вчитель
Ropa	Одяг
Suministros	Поставки
Tijeras	Ножиці

Especias
Спеції

Agrio	Кислий
Ajo	Часник
Amargo	Гіркий
Anís	Аніс
Azafrán	Шафран
Canela	Кориця
Cardamomo	Кардамон
Cebolla	Цибуля
Clavo	Гвоздика
Comino	Кмин
Curry	Каррі
Dulce	Солодкий
Hinojo	Фенхель
Jengibre	Імбир
Pimentón	Паприка
Pimienta	Перець
Regaliz	Солодка
Sabor	Аромат
Sal	Сіль
Vainilla	Ванілі

Familia
Сімейний

Abuela	Бабуся
Abuelo	Дід
Antepasado	Предок
Esposa	Дружина
Hermana	Сестра
Hermano	Брат
Hija	Дочка
Infancia	Дитинство
Madre	Мати
Marido	Чоловік
Materno	Материнський
Nieto	Онук
Niño	Дитина
Niños	Діти
Padre	Батько
Primo	Кузен
Sobrina	Племінниця
Sobrino	Племінник
Tía	Тітка
Tío	Дядько

Flores
Квіти

Amapola	Мак
Caléndula	Календула
Diente de León	Кульбаба
Gardenia	Гарденія
Girasol	Соняшник
Hibisco	Гібіскус
Jazmín	Жасмин
Lavanda	Лаванда
Lila	Бузок
Lirio	Лілія
Magnolia	Магнолія
Margarita	Ромашка
Orquídea	Орхідея
Peonía	Півонія
Pétalo	Пелюстка
Plumeria	Плюмерія
Ramo	Букет
Rosa	Троянда
Trébol	Конюшина
Tulipán	Тюльпан

Formas
Форми

Arco	Дуга
Cilindro	Циліндр
Círculo	Коло
Cono	Конус
Cuadrado	Площа
Cubo	Куб
Curva	Крива
Elipse	Еліпс
Esfera	Сфера
Esquina	Кут
Hipérbola	Гіпербола
Lado	Бік
Línea	Лінія
Oval	Овальний
Pirámide	Піраміда
Polígono	Багатокутник
Prisma	Призма
Rectángulo	Прямокутник
Ronda	Круглий
Triángulo	Трикутник

Fruta
Фрукти

Aguacate	Авокадо
Albaricoque	Абрикос
Baya	Ягода
Cereza	Вишня
Coco	Кокос
Frambuesa	Малина
Guayaba	Гуава
Kiwi	Ківі
Limón	Лимон
Mango	Манго
Manzana	Яблуко
Melocotón	Персик
Melón	Диня
Naranja	Оранжевий
Nectarina	Нектарин
Papaya	Папайя
Pera	Груша
Piña	Ананас
Plátano	Банан
Uva	Виноград

Gatos
Кішки

Cazador	Мисливець
Cola	Хвіст
Curioso	Цікавий
Dormir	Спати
Hilo	Пряжа
Independiente	Незалежний
Juguetón	Грайливий
Loco	Божевільний
Pata	Лапа
Personalidad	Особистості
Piel	Хутро
Poco	Маленький
Ratón	Миша
Rápido	Швидко
Salvaje	Дикий
Tímido	Сором'Язливий

Geografía
Географія

Altitud	Висота
Atlas	Атлас
Ciudad	Місто
Continente	Континент
Hemisferio	Півкуля
Isla	Острів
Latitud	Широта
Longitud	Довгота
Mapa	Карта
Mar	Море
Meridiano	Меридіан
Montaña	Гора
Mundo	Світ
Norte	Північ
Oeste	Захід
País	Країна
Región	Регіон
Río	Річка
Sur	Південь
Territorio	Територія

Geología
Геологія

Ácido	Кислота
Calcio	Кальцій
Capa	Шар
Caverna	Печера
Continente	Континент
Coral	Кораловий
Cristales	Кристали
Cuarzo	Кварц
Erosión	Ерозія
Estalactita	Сталактит
Estalagmitas	Сталагміти
Fósil	Викопний
Géiser	Гейзер
Lava	Лава
Meseta	Плато
Minerales	Мінерали
Piedra	Камінь
Sal	Сіль
Terremoto	Землетрус
Volcán	Вулкан

Granja #1
Ферма #1

Abeja	Бджола
Agua	Вода
Arroz	Рис
Burro	Осел
Caballo	Кінь
Cabra	Коза
Campo	Поле
Cuervo	Ворона
Fertilizante	Добриво
Gato	Кішка
Heno	Сіно
Miel	Мед
Perro	Пес
Pollo	Курка
Rebaño	Зграя
Semillas	Насіння
Ternero	Теля
Tierra	Земля
Vaca	Корова
Valla	Паркан

Granja #2
Ферма #2

Agricultor	Фермер
Animales	Тварин
Cebada	Ячмінь
Colmena	Вулик
Comida	Їжа
Cordero	Ягня
Fruta	Фрукт
Granero	Сарай
Huerto	Фруктовий Сад
Leche	Молоко
Llama	Лама
Maíz	Кукурудза
Oveja	Вівця
Pastor	Пастух
Pato	Качка
Prado	Луг
Riego	Зрошення
Tractor	Трактор
Trigo	Пшениця
Vegetal	Овоч

Herboristería
Травотравизм

Ajo	Часник
Albahaca	Василь
Aromático	Ароматичний
Azafrán	Шафран
Calidad	Якість
Culinario	Кулінарні
Eneldo	Кріп
Estragón	Естрагон
Flor	Квітка
Hinojo	Фенхель
Ingrediente	Інгредієнт
Jardín	Сад
Lavanda	Лаванда
Mejorana	Майоран
Menta	М'Ята
Perejil	Петрушка
Planta	Рослина
Romero	Розмарин
Sabor	Аромат
Verde	Зелений

Herramientas
Інструменти

Alicates	Плоскогубці
Antorcha	Факел
Cable	Кабель
Cuchillo	Ніж
Cuerda	Мотузка
Escalera	Сходи
Grapadora	Степлер
Hacha	Сокира
Martillo	Молоток
Navaja	Бритва
Pala	Лопата
Pegamento	Клей
Regla	Лінійка
Rueda	Колесо
Tijeras	Ножиці
Tornillo	Гвинт

Insectos
Комахи

Abeja	Бджола
Avispa	Оса
Avispón	Шершень
Áfido	Попелиця
Cigarra	Цикада
Cucaracha	Тарган
Escarabajo	Жук
Gusano	Хробак
Hormiga	Мураха
Langosta	Сарана
Larva	Личинка
Libélula	Бабка
Mantis	Богомол
Mariposa	Метелик
Mariquita	Сонечко
Mosquito	Комар
Pulga	Блоха
Saltamontes	Коник
Termita	Терміт

Instrumentos Musicales
Музичні Інструменти

Armónica	Гармоніка
Arpa	Арфа
Banjo	Банджо
Baquetas	Гомілки
Clarinete	Кларнет
Fagot	Фагот
Flauta	Флейта
Gong	Гонг
Guitarra	Гітара
Mandolina	Мандоліна
Oboe	Гобой
Pandereta	Бубон
Percusión	Удар
Piano	Фортепіано
Saxofón	Саксофон
Tambor	Барабан
Trombón	Тромбон
Trompeta	Труба
Violín	Скрипка
Violonchelo	Віолончель

Jardín
Сад

Arbusto	Кущ
Árbol	Дерево
Banco	Лава
Césped	Газон
Estanque	Ставок
Flor	Квітка
Garaje	Гараж
Hamaca	Гамак
Hierba	Трава
Huerto	Фруктовий Сад
Jardín	Сад
Malezas	Бур'Янів
Manguera	Шланг
Pala	Лопата
Porche	Ганок
Rastrillo	Граблі
Suelo	Ґрунт
Terraza	Тераса
Trampolín	Батут
Valla	Паркан

Juguetes
Іграшки

Ajedrez	Шахи
Arcilla	Глина
Artesanía	Ремесла
Avión	Літак
Barco	Човен
Bicicleta	Велосипед
Bola	М'Яч
Camión	Вантажівка
Coche	Автомобіль
Favorito	Улюблений
Imaginación	Уява
Juegos	Ігри
Libros	Книги
Muñeca	Лялька
Pinturas	Фарби
Robot	Робот
Rompecabezas	Головоломка
Tambores	Барабани
Tren	Поїзд

Libros
Книги

Autor	Автор
Aventura	Пригода
Colección	Колекція
Contexto	Контекст
Dualidad	Подвійність
Escrito	Написана
Historia	Історія
Histórico	Історичний
Humorístico	Гумористичний
Inmersión	Занурення
Lector	Читач
Literario	Літературний
Narrador	Оповідач
Novela	Роман
Página	Сторінка
Pertinente	Відповідні
Poema	Вірш
Poesía	Поезія
Serie	Серія
Trágico	Трагічний

Literatura
Література

Analogía	Аналогія
Análisis	Аналіз
Anécdota	Анекдот
Autor	Автор
Biografía	Біографія
Comparación	Порівняння
Conclusión	Висновок
Descripción	Опис
Diálogo	Діалог
Estilo	Стиль
Ficción	Вигадка
Metáfora	Метафора
Narrador	Оповідач
Novela	Роман
Poema	Вірш
Poético	Поетичний
Rima	Рима
Ritmo	Ритм
Tema	Тема
Tragedia	Трагедія

Mamíferos
Ссавці

Ballena	Кит
Burro	Осел
Caballo	Кінь
Camello	Верблюд
Canguro	Кенгуру
Cebra	Зебра
Conejo	Кролик
Coyote	Койот
Delfín	Дельфін
Elefante	Слон
Gato	Кішка
Gorila	Горила
Jirafa	Жираф
Lobo	Вовк
Mono	Мавпа
Oso	Ведмідь
Oveja	Вівця
Perro	Пес
Toro	Бик
Zorro	Лисиця

Mascotas
Домашні Тварини

Agua	Вода
Cabra	Коза
Cachorro	Цуценя
Cola	Хвіст
Collar	Комір
Comida	Їжа
Conejo	Кролик
Gatito	Кошеня
Gato	Кішка
Hámster	Хом'Як
Lagarto	Ящірка
Loro	Папуга
Patas	Лапи
Perro	Пес
Pescado	Риба
Ratón	Миша
Tortuga	Черепаха
Vaca	Корова
Veterinario	Ветеринар

Matemáticas
Математика

Aritmética	Арифметика
Ángulos	Кути
Circunferencia	Округ
Cuadrado	Площа
Decimal	Десятковий
Diámetro	Діаметр
Ecuación	Рівняння
Esfera	Сфера
Exponente	Показник
Geometría	Геометрія
Paralelo	Паралельний
Paralelogramo	Паралелограм
Perímetro	Периметр
Polígono	Багатокутник
Radio	Радіус
Rectángulo	Прямокутник
Simetría	Симетрія
Suma	Сума
Triángulo	Трикутник
Volumen	Обсяг

Mediciones
Вимірювання

Altura	Висота
Ancho	Ширина
Byte	Байт
Centímetro	Сантиметр
Decimal	Десятковий
Grado	Ступінь
Gramo	Грам
Kilogramo	Кілограм
Kilómetro	Кілометр
Litro	Літр
Longitud	Довжина
Masa	Маса
Metro	Метр
Minuto	Хвилина
Onza	Унція
Peso	Вага
Profundidad	Глибина
Pulgada	Дюйм
Tonelada	Тонна
Volumen	Обсяг

Meditación
Медитація

Aceptación	Прийняття
Atención	Увага
Bondad	Доброта
Calma	Спокійний
Claridad	Ясність
Compasión	Співчуття
Emociones	Емоції
Gratitud	Подяка
Mental	Розумовий
Mente	Розум
Movimiento	Рух
Música	Музика
Naturaleza	Природа
Observación	Спостереження
Paz	Мир
Pensamientos	Думки
Perspectiva	Перспектива
Postura	Постава
Respiración	Дихання
Silencio	Тиша

Mitología
Міфологія

Arquetipo	Архетип
Celos	Ревнощі
Cielo	Небо
Comportamiento	Поведінка
Creación	Створення
Creencias	Переконання
Criatura	Істота
Cultura	Культура
Desastre	Лихо
Fuerza	Сила
Guerrero	Воїн
Héroe	Герой
Inmortalidad	Безсмертя
Laberinto	Лабіринт
Leyenda	Легенда
Monstruo	Монстр
Mortal	Смертний
Rayo	Блискавка
Trueno	Грім
Venganza	Помста

Mueble
Меблі

Alfombra	Килимок
Almohada	Подушка
Banco	Лава
Cama	Ліжко
Cojines	Подушки
Colchón	Матрац
Cortinas	Штори
Cómoda	Комод
Escritorio	Бюро
Espejo	Дзеркало
Estantería	Книжкова Шафа
Estantes	Полиці
Futón	Футон
Hamaca	Гамак
Lámpara	Лампа
Silla	Крісло
Sofá	Диван

Naturaleza
Природа

Abejas	Бджіл
Animales	Тварин
Ártico	Арктичний
Belleza	Краса
Bosque	Ліс
Desierto	Пустеля
Dinámico	Динамічний
Erosión	Ерозія
Follaje	Листя
Glaciar	Льодовик
Montañas	Гори
Niebla	Туман
Nubes	Хмари
Pacífico	Мирно
Refugio	Притулок
Río	Річка
Salvaje	Дикий
Santuario	Святилище
Sereno	Безтурботний
Tropical	Тропічний

Nutrición
Харчування

Amargo	Гіркий
Apetito	Апетит
Calidad	Якість
Calorías	Калорій
Carbohidratos	Вуглеводів
Comestible	Їстівний
Dieta	Дієта
Digestión	Травлення
Equilibrado	Збалансований
Fermentación	Бродіння
Hábitos	Звички
Nutriente	Поживний
Peso	Вага
Proteínas	Білки
Sabor	Аромат
Salsa	Соус
Salud	Здоров'Я
Saludable	Здоровий
Toxina	Токсин
Vitamina	Вітамін

Números
Числа

Catorce	Чотирнадцять
Cero	Нуль
Cinco	П'ять
Cuatro	Чотири
Decimal	Десятковий
Diecinueve	Дев'ятнадцять
Dieciocho	Вісімнадцять
Dieciséis	Шістнадцять
Diecisiete	Сімнадцять
Diez	Десять
Doce	Дванадцять
Dos	Два
Nueve	Дев'ять
Ocho	Вісім
Quince	П'ятнадцять
Seis	Шість
Siete	Сім
Trece	Тринадцять
Tres	Три
Veinte	Двадцять

Océano
Океан

Alga	Водоростей
Anguila	Вугор
Arrecife	Риф
Atún	Тунець
Ballena	Кит
Barco	Човен
Camarón	Креветки
Cangrejo	Краб
Coral	Кораловий
Delfín	Дельфін
Esponja	Губка
Mareas	Припливи
Medusa	Медуза
Ostra	Устриця
Pescado	Риба
Pulpo	Восьминіг
Sal	Сіль
Tiburón	Акула
Tormenta	Буря
Tortuga	Черепаха

Paisajes
Пейзажі

Cascada	Водоспад
Cueva	Печера
Desierto	Пустеля
Estuario	Лиман
Géiser	Гейзер
Glaciar	Льодовик
Iceberg	Айсберг
Isla	Острів
Lago	Озеро
Laguna	Лагуна
Mar	Море
Montaña	Гора
Oasis	Оазис
Pantano	Болото
Península	Півострів
Playa	Пляж
Río	Річка
Tundra	Тундра
Valle	Долина
Volcán	Вулкан

Países #2
Країни #2

Albania	Албанія
Australia	Австралія
Austria	Австрія
Dinamarca	Данія
Etiopía	Ефіопія
Francia	Франція
Grecia	Греція
Indonesia	Індонезія
Irlanda	Ірландія
Jamaica	Ямайка
Japón	Японія
Laos	Лаос
México	Мексика
Pakistán	Пакистан
Portugal	Португалія
Rusia	Росія
Siria	Сирія
Sudán	Судан
Ucrania	Україна
Uganda	Уганда

Pájaros
Птахи

Avestruz	Страус
Águila	Орел
Cigüeña	Лелека
Cisne	Лебідка
Cuco	Зозуля
Cuervo	Ворона
Flamenco	Фламінго
Ganso	Гуска
Garza	Чапля
Gaviota	Чайка
Gorrión	Горобець
Halcón	Яструб
Huevo	Яйце
Loro	Папуга
Paloma	Голуб
Pato	Качка
Pelícano	Пелікан
Pingüino	Пінгвін
Pollo	Курка
Tucán	Тукан

Pesca
Риболовля

Agua	Вода
Barco	Човен
Branquias	Зябра
Cable	Дріт
Cebo	Принада
Cesta	Кошик
Cocinar	Кухар
Equipo	Обладнання
Exageración	Перебільшення
Gancho	Гак
Lago	Озеро
Mandíbula	Щелепа
Océano	Океан
Paciencia	Терпіння
Peso	Вага
Playa	Пляж
Río	Річка
Temporada	Сезон

Piratas
Пірати

Ancla	Якір
Aventura	Пригода
Bandera	Прапор
Brújula	Компас
Capitán	Капітан
Cicatriz	Шрам
Cueva	Печера
Espada	Меч
Isla	Острів
Leyenda	Легенда
Loro	Папуга
Malo	Поганий
Mapa	Карта
Monedas	Монети
Oro	Золото
Peligro	Небезпека
Playa	Пляж
Ron	Ром
Tesoro	Скарб
Tripulación	Екіпаж

Plantas
Рослини

Arbusto	Кущ
Árbol	Дерево
Bambú	Бамбук
Baya	Ягода
Bosque	Ліс
Botánica	Ботаніка
Cactus	Кактус
Fertilizante	Добриво
Flor	Квітка
Flora	Флора
Follaje	Листя
Frijol	Квасоля
Hiedra	Плющ
Hierba	Трава
Hoja	Лист
Jardín	Сад
Musgo	Мох
Pétalo	Пелюстка
Raíz	Корінь
Vegetación	Рослинність

Playa
Пляжний

Arena	Пісок
Arrecife	Риф
Azul	Синій
Barco	Човен
Cangrejo	Краб
Costa	Узбережжя
Isla	Острів
Laguna	Лагуна
Mar	Море
Nadar	Плавати
Océano	Океан
Paraguas	Парасолька
Sandalias	Сандалі
Sol	Сонце
Toalla	Рушник
Vacaciones	Відпустка
Velero	Вітрильник

Profesiones #1
Професії #1

Abogado	Адвокат
Astrónomo	Астроном
Atleta	Спортсмен
Bailarín	Танцюрист
Banquero	Банкір
Bombero	Пожежник
Cartógrafo	Картограф
Cazador	Мисливець
Doctor	Лікар
Editor	Редактор
Embajador	Посол
Enfermera	Медсестра
Entrenador	Тренер
Fontanero	Сантехнік
Geólogo	Геолог
Joyero	Ювелір
Músico	Музикант
Pianista	Піаніст
Psicólogo	Психолог
Veterinario	Ветеринар

Profesiones #2
Професії #2

Astronauta	Астронавт
Bibliotecario	Бібліотекар
Biólogo	Біолог
Cirujano	Хірург
Dentista	Стоматолог
Detective	Детектив
Filósofo	Філософ
Fotógrafo	Фотограф
Ilustrador	Ілюстратор
Ingeniero	Інженер
Inventor	Винахідник
Investigador	Дослідник
Jardinero	Садівник
Lingüista	Лінгвіст
Médico	Лікар
Periodista	Журналіст
Piloto	Пілот
Pintor	Художник
Profesor	Вчитель
Zoólogo	Зоолог

Rellenar
Заповнити

Bandeja	Лоток
Bañera	Ванна
Barril	Бочка
Bolsa	Сумка
Bolsillo	Кишеня
Botella	Пляшка
Caja	Ящик
Cajón	Шухляда
Carpeta	Папка
Cartón	Коробка
Cesta	Кошик
Cubo	Відро
Cuenca	Басейн
Jarrón	Ваза
Maleta	Валіза
Paquete	Пакет
Sobre	Конверт
Tarro	Глек
Tubo	Труба

Restaurante #1
Ресторан #1

Alergia	Алергія
Café	Кава
Cajero	Касир
Camarera	Офіціантка
Carne	М'Ясо
Cocina	Кухня
Comida	Їжа
Cuchillo	Ніж
Ingredientes	Інгредієнти
Menú	Меню
Pan	Хліб
Picante	Гострий
Plato	Тарілка
Pollo	Курка
Postre	Десерт
Reserva	Бронювання
Salsa	Соус
Servilleta	Серветка
Tazón	Чаша

Restaurante #2
Ресторан #2

Agua	Вода
Almuerzo	Обід
Aperitivo	Закуска
Bebida	Напій
Camarero	Офіціант
Cena	Вечеря
Cuchara	Ложка
Delicioso	Смачний
Ensalada	Салат
Especias	Спеції
Fruta	Фрукт
Hielo	Лід
Huevos	Яйця
Pastel	Торт
Pescado	Риба
Sal	Сіль
Silla	Крісло
Sopa	Суп
Tenedor	Вилка
Verduras	Овочі

Ropa
Одяг

Abrigo	Пальто
Blusa	Блузка
Bufanda	Шарф
Calcetines	Шкарпетки
Camisa	Сорочка
Chaqueta	Куртка
Cinturón	Пояс
Collar	Намисто
Delantal	Фартух
Falda	Спідниця
Guantes	Рукавички
Moda	Мода
Pantalones	Штани
Pijama	Піжама
Pulsera	Браслет
Sandalias	Сандалі
Sombrero	Капелюх
Suéter	Светр
Vestido	Плаття
Zapato	Взуття

Selva Tropical
Тропічний Ліс

Anfibios	Амфібії
Botánico	Ботанічний
Clima	Клімат
Comunidad	Громада
Especie	Вид
Indígena	Корінні
Insectos	Комах
Mamíferos	Ссавці
Musgo	Мох
Naturaleza	Природа
Nubes	Хмари
Pájaros	Птах
Preservación	Збереження
Refugio	Притулок
Respeto	Повага
Restauración	Реставрація
Selva	Джунглі
Supervivencia	Виживання
Valioso	Цінний

Senderismo
Походи

Agua	Вода
Animales	Тварин
Botas	Чоботи
Camping	Кемпінг
Cansado	Втомився
Clima	Клімат
Cumbre	Саміт
Mapa	Карта
Montaña	Гора
Naturaleza	Природа
Orientación	Орієнтація
Parques	Парки
Pesado	Важкий
Piedras	Камені
Preparación	Підготовка
Salvaje	Дикий
Sol	Сонце

Suministros de Arte
Художні Товари

Aceite	Олія
Acrílico	Акриловий
Acuarelas	Акварелі
Agua	Вода
Arcilla	Глина
Borrador	Гумка
Caballete	Мольберт
Cámara	Камера
Cepillos	Щітка
Colores	Кольори
Creatividad	Творчість
Ideas	Ідеї
Lápices	Олівці
Mesa	Таблиця
Papel	Папір
Pasteles	Пастелі
Pegamento	Клей
Pinturas	Фарби
Silla	Крісло
Tinta	Чорнило

Surf
Серфінг

Arrecife	Риф
Atleta	Спортсмен
Campeón	Чемпіон
Clima	Погода
Diversión	Веселощі
Espuma	Піна
Estilo	Стиль
Estómago	Шлунок
Fuerza	Сила
Multitudes	Натовп
Nadar	Плавати
Océano	Океан
Ola	Хвиля
Playa	Пляж
Popular	Популярний
Principiante	Новачок
Remo	Весло
Rociar	Спрей
Velocidad	Швидкість

Tecnología
Технології

Archivo	Файл
Blog	Блог
Bytes	Байт
Cámara	Камера
Cursor	Курсор
Datos	Дані
Digital	Цифровий
Estadísticas	Статистика
Fuente	Шрифт
Internet	Інтернет
Investigación	Дослідження
Mensaje	Повідомлення
Navegador	Браузер
Ordenador	Комп'Ютер
Pantalla	Екран
Seguridad	Безпека
Virtual	Віртуальний
Virus	Вірус

Tiempo
Час

Ahora	Зараз
Antes	До
Anual	Щорічний
Año	Рік
Ayer	Вчора
Calendario	Календар
Década	Десятиліття
Día	День
Futuro	Майбутнє
Hora	Година
Hoy	Сьогодні
Mañana	Ранок
Mediodía	Полудень
Mes	Місяць
Minuto	Хвилина
Momento	Момент
Noche	Ніч
Reloj	Годинник
Semana	Тиждень
Siglo	Століття

Tipos de Cabello
Типи Волосся

Blanco	Білий
Brillante	Блискучий
Calvo	Лисий
Corto	Короткий
Delgada	Тонкий
Gris	Сірий
Grueso	Товстий
Largo	Довгий
Marrón	Коричневий
Negro	Чорний
Ondulado	Хвилястий
Plata	Срібло
Rizado	Кучерявий
Rizos	Кучер
Rubio	Блондин
Saludable	Здоровий
Seco	Сухий
Suave	М'Який
Trenzado	Плетений
Trenzas	Коси

Vacaciones #1
Відпустка #1

Aduana	Митниця
Avión	Літак
Billete	Квиток
Coche	Автомобіль
Expedición	Експедиція
Itinerario	Маршрут
Lago	Озеро
Maleta	Валіза
Mochila	Рюкзак
Moneda	Валюта
Museo	Музей
Nadar	Плавати
Paraguas	Парасолька
Relajación	Розслаблення
Tranvía	Трамвай
Turista	Турист

Vacaciones #2
Відпустка #2

Aeropuerto	Аеропорт
Carpa	Намет
Destino	Призначення
Extranjero	Іноземець
Fotos	Фото
Hotel	Готель
Isla	Острів
Mapa	Карта
Mar	Море
Ocio	Дозвілля
Pasaporte	Паспорт
Playa	Пляж
Reservas	Бронювання
Restaurante	Ресторан
Taxi	Таксі
Transporte	Транспорт
Tren	Поїзд
Vacaciones	Свято
Viaje	Подорож
Visa	Віза

Vehículos
Автомобілі

Autobús	Автобус
Avión	Літак
Balsa	Пліт
Barco	Човен
Bicicleta	Велосипед
Camión	Вантажівка
Caravana	Караван
Coche	Автомобіль
Cohete	Ракета
Ferry	Пором
Furgoneta	Фургон
Helicóptero	Вертоліт
Lanzadera	Човник
Metro	Метро
Motor	Двигун
Neumáticos	Шини
Scooter	Скутер
Taxi	Таксі
Tractor	Трактор
Tren	Поїзд

Verano
Літо

Alegría	Радість
Amigos	Друзі
Buceo	Пірнання
Comida	Їжа
Estrellas	Зірки
Familia	Родина
Hogar	Дім
Jardín	Сад
Juegos	Ігри
Libros	Книги
Mar	Море
Música	Музика
Nadar	Плавати
Ocio	Дозвілля
Playa	Пляж
Recuerdos	Спогади
Relajación	Розслаблення
Sandalias	Сандалі
Vacaciones	Відпустка
Viaje	Подорожувати

Verduras
Овочі

Ajo	Часник
Alcachofa	Артишок
Apio	Селера
Berenjena	Баклажан
Brócoli	Броколі
Calabaza	Гарбуз
Cebolla	Цибуля
Ensalada	Салат
Espinacas	Шпинат
Guisante	Горох
Jengibre	Імбир
Nabo	Ріпа
Oliva	Оливка
Patata	Картопля
Pepino	Огірок
Perejil	Петрушка
Rábano	Редис
Seta	Гриб
Tomate	Помідор
Zanahoria	Морква

Virtudes #1
Чесноти #1

Apasionado	Пристрасний
Artístico	Художній
Bien	Хороший
Curioso	Цікавий
Decisivo	Вирішальний
Eficiente	Ефективний
Encantador	Чарівний
Fiable	Надійні
Generoso	Щедрий
Independiente	Незалежний
Inteligente	Розумний
Limpio	Чистий
Modesto	Скромний
Paciente	Пацієнт
Práctico	Практичний
Sabio	Мудрий
Útil	Корисний

Enhorabuena

Lo has conseguido!

Esperamos que hayas disfrutado de este libro tanto como nosotros al diseñarlo. Nos esforzamos por crear libros de la máxima calidad posible.
Esta edición está diseñada para proporcionar un aprendizaje inteligente, de calidad y divertido!

¿Te ha gustado este libro?

Una Petición Sencilla

Estos libros existen gracias a las reseñas que se publican.
¿Podrías ayudarnos dejando una reseña ahora?
Aquí tienes un breve enlace a la página de reseñas

BestBooksActivity.com/Opiniones50

¡DESAFÍO FINAL!

Reto n°1

¿Estás listo para tu juego gratis? Los utilizamos siempre, pero no son tan fáciles de encontrar. ¡Aquí están los **Sinónimos!**
Escribe 5 palabras que hayas encontrado en los rompecabezas (#21, #36, #76) y trata de encontrar 2 sinónimos para cada palabra.

Escriba 5 palabras del *Puzzle 21*

Palabras	Sinónimo 1	Sinónimo 2

Escriba 5 palabras del *Puzzle 36*

Palabras	Sinónimo 1	Sinónimo 2

Escriba 5 palabras del *Puzzle 76*

Palabras	Sinónimo 1	Sinónimo 2

Reto n°2

Ahora que te has calentado, escribe 5 palabras que hayas encontrado en los Puzzles 9, 17 y 25 e intenta encontrar 2 antónimos para cada palabra. ¿Cuántos puedes encontrar en 20 minutos?

Escriba 5 palabras del **Puzzle 9**

Palabras	Antónimo 1	Antónimo 2

Escriba 5 palabras del **Puzzle 17**

Palabras	Antónimo 1	Antónimo 2

Escriba 5 palabras del **Puzzle 25**

Palabras	Antónimo 1	Antónimo 2

Reto n°3

¡Genial! Este desafío final no es nada para ti.

¿Preparado para el reto final? Elige 10 palabras que hayas descubierto en los diferentes rompecabezas y escríbelas a continuación.

1.	6.
2.	7.
3.	8.
4.	9.
5.	10.

Ahora escribe un texto pensando en una persona, un animal o un lugar que te guste.

Puedes usar la última página de este libro como borrador.

Tu Composición:

CUADERNO DE NOTAS :

HASTA PRONTO !

Todo el Equipo

DESCUBRA JUEGOS GRATIS

GO

↓

BESTACTIVITYBOOKS.COM/FREEGAMES